JN296251

MINERVA
福祉ライブラリー
91

ヒューマンケアを考える
さまざまな領域からみる子ども学

井形昭弘 編著

ミネルヴァ書房

ヒューマンケアを考える
──さまざまな領域からみる子ども学──

目　次

序　章　ヒューマンケアを考える ……………………………井形昭弘…1

　1　ヒューマンケアという視点 …………………………………………1
　　　1）ヒューマンケアとは…1　2）ヒューマンケアと社会福祉…2
　　　3）医療その他の領域とヒューマンケア…3
　2　医学，医療をめぐる諸問題 …………………………………………5
　　　1）わが国の医学の系譜…5　2）治療医学から予防医学へ…6
　　　3）予防医学，健康づくり…8　4）国民皆保険をめぐる問題…9
　3　社会福祉の展開 ………………………………………………………10
　　　1）西欧における社会福祉…10　2）日本における社会福祉…11
　4　介護保険の導入 ………………………………………………………13
　　　1）導入に至る社会的背景…13　2）介護保険導入の意義…15
　　　3）介護保険の見直し…16　4）社会福祉の財源問題…17
　5　障害者支援とヒューマンケア ………………………………………18
　6　子どもをめぐる諸問題 ………………………………………………19
　　　1）少子化社会の課題…19　2）少子時代の大学…20　3）子どもに関する知識…20　4）子どもを取り巻く環境…21　5）子どもの心理的問題…22　6）児童福祉の成立と展開…23　7）わが国における子どもケア…23

第1章　保育・教育学の視点から ……………………………平井タカネ…27

　1　乳幼児期とケアの原点 ………………………………………………27
　　　1）無防備ないのち…28　2）動物の種としての人間…29　3）乳幼児期の発達的特徴…31
　2　自己表現とコミュニケーション ……………………………………33
　　　1）他者存在の認識と自己の表現…33　2）ミルクよりコミュニケーション…34　3）子どものための基地…35　4）脳の中に描かれる他者像──ミラーニューロン…36
　3　遊びの中で育つ ………………………………………………………37
　　　1）現実とファンタジーを生きる遊び…37　2）遊びの中の育ち…39　3）遊びの発達──身体活動の意味…41

　　　　　　　　　　　　　　　　　　　　　　　　目　次

　　4　風土の中で培われた子育て文化 ………………………………42
　　　　1）文化と表現の形…42　2）開示される温かい背中…44　3）お
　　　　風呂と畳のコミュニケーション…46
　　5　ケアの原点としての乳幼児期体験 ……………………………47
　　　　1）精神身体文化に配慮したケアの在り方…47　2）心とからだの
　　　　変化を誘う遊び…48

第2章　養護・看護からみた子どもケア ……………堀内久美子…51

　　1　ケアの本質と子ども観 …………………………………………51
　　　　1）ケアということば…51　2）ケアの双方向性…52　3）ニーズ
　　　　（needs）の充足としてのケア…53　4）基本的看護の構成要素とし
　　　　てのニーズ…54　5）子ども観…55　6）子どもの権利…56　7）
　　　　子どもの特性とニーズ…57
　　2　養護教諭と「子どもケア」 ……………………………………60
　　　　1）養護の基本原理…60　2）養護教諭の活動…60　3）慢性疾患
　　　　児への支援…61　4）寄り添って支える…62

第3章　心身医学の視点からみた子どもケア
　　　　　　――全人的ヒューマンケア ……………………末松弘行…65

　　1　心身医学，心身症とは …………………………………………65
　　　　1）心身医学とは…65　2）心身症とは…66　3）心身症がよくみ
　　　　られる疾患…67　4）ライフ・サイクルからみた心身症…70
　　2　乳児期・幼児期の心身症 ………………………………………71
　　　　1）愛情遮断性低身長症…71　2）脱毛症…74
　　3　学童期の心身症 …………………………………………………75
　　　　1）起立性調節障害…75　2）過敏性腸症候群（不登校）…75
　　4　思春期の心身症 …………………………………………………80
　　　　1）過換気症候群…80　2）拒食症，過食症…82
　　5　ターミナルケア …………………………………………………87
　　　　1）死にゆく患者の必要（ニード）…87　2）家族のケア…90

第4章　小児医学の視点からみた子ども

1　世界の子どもと日本の子ども …………………長嶋正實…93
　1）健康な子どものために普遍的に必要なもの…93　2）子どもの直面する疾病…94　3）母子保健関連指標…95　4）今，日本の子どもは？…102　5）地球規模での保健医療環境の向上を目指して…113

2　小児科免疫学の視点から子どもケアを考える………松岡　宏…115
　1）成長について…115　2）スキャモンの成長曲線…115　3）免疫系について…116　4）予防接種…119　5）アレルギー…119　6）病気の好発年齢の不思議…120　7）結語…120

第5章　児童に対するケアマネジメント
　　　　──児童虐待を中心にして ……………………白澤政和…123

1　はじめに──子どもを取り巻く環境 ……………………………123
2　ケアマネジメントとは何か ……………………………………125
　1）援助対象者…127　2）社会資源…128　3）ケアマネジャー…129
3　ケアマネジメントの過程と原理 ………………………………130
　1）入口…130　2）アセスメント…132　3）ケース目標の設定とケアプランの作成…133　4）ケアプランの実施…135　5）監視およびフォローアップ…137
4　ケアマネジメントでの援助原理 ………………………………137
　1）ケアマネジメント援助の目的…138　2）ケアマネジメント援助での焦点…139
5　児童領域でのケアマネジメント ………………………………141
　1）児童領域でのケアマネジメント事例…142　2）児童領域でのケアマネジメント過程の特徴と課題──被虐待児童の場合…145
6　児童領域でのケアマネジメントの将来 ………………………148

目次

第6章 《鼎談》生きる力を育てるこころの教育
　　　　………………………………河合隼雄　小林登／司会：井形昭弘…151

　　子どもの心を読み取り豊かなインタラクション…151
　　教えるのではなく育てる関心をもって見守る大切さ…152
　　子ども学の確立を目指して多分野の人が学際的に研究…154
　　子ども学は文理融合科学：優しさだけでは解決できない…156
　　「言わず語らず」が通用しない：子育てを根本から考える必要性…157
　　子育ては母親だけの仕事じゃない：今こそチーム子育ての現代版を…158
　　かつて母性原理が強かった日本：核家族化で急に揺らいでいる…159
　　21世紀は心の時代になるよう、夢をもって楽しく学び遊んでほしい…160
　　心のケアは人間関係から始まる：生命に感動の機会をつくること…161
　　線を通した上で後は自由：個性を伸ばす上のルール…162
　　子どもの能力は褒めて伸ばす：子どもには遊びと学びは同じ…164
　　子どもの心身をトータルにケア：養護教諭の果たす役割にも注目…165
　　幼保一体型議論の解決策は：乳児期と幼児期の二本立て…166
　　子育てに万能な方法なし：今「みの教育」を考える…167

あとがき……169

序章
ヒューマンケアを考える

井形昭弘

1 ヒューマンケアという視点

1) ヒューマンケアとは

「ヒューマンケア」という表現は比較的新しく，広く使われていますが，厳密な定義はありません。一般には健康か否かにかかわらず広く人間の自立を目指しこれを支援する保健，医療，福祉，教育，心理学，看護学などを包括する総合技術をさしています。広く解釈すれば教育など人間の社会活動のすべてが含まれますが，通常社会福祉とほぼ同じか，やや広い意味で使われることが多いように思います。

　私は医学部に進学した時から人間とのかかわりに興味をもっていました。在学中には，子どものケアに関心があり，小児科を専攻することを夢見た時もありましたが，診療時注射などで子どもから嫌われることが多いため断念したことを覚えています。しかし，子どもを含め人間が好きという姿勢は一貫して変わりはなく，この経験がヒューマンケアに対する概念をもつに至ったと思っています。特に近年になって介護保険の導入などで高齢者ケアに参画することになり，子どもケアとも密接な関連があることを意識しています。

　私は内科学，神経学などを専攻，診療の間に多くの人間関係を体験してきました。1993（平成5）年から国立長寿医療センターの創設に関与する機会を得，そこで改めて老年医学，老人医療に関する学問を推進してきました。そこでは社会的側面も避けて通れないことから介護保険の導入など高齢者の福祉問題に

も深く関与し、ヒューマンケアの具体的問題にかかわってきました。その後、1997（平成9）年愛知県の健康づくり施設（あいち健康の森・健康科学総合センター）の創設に関与し、健康づくりに努力を尽くしてきましたが、これもヒューマンケアの大きな側面を成すことを実感しています。

　2002（平成14）年名古屋学芸大学学長に就任し、2005（平成16）年4月にヒューマンケア学部を増設、子どもケア学科を発足させました。近い将来ヒューマンケア学部に高齢者に対応する学科を併設したい夢をもっています。以上私の長い一生は多かれ少なかれヒューマンケアで貫いてきたといってもおかしくありません。本章では私の経験を介して得たヒューマンケアについて、さまざまな視点から論じてみたいと思います。

2) ヒューマンケアと社会福祉

　ヒューマンケアは社会の成熟とともに確立してきたシステムです。一般に社会は成熟するにつれて互いに助け合うとの理念を基に、健やかな社会を創造し、また子ども、高齢者、障害者などの援助を要する弱者の自立支援を介して社会を発展させていくシステムが徐々に整備されてきました。

　ヒューマンケアないし社会福祉は日本国憲法第25条に基礎を置いています。この第25条には「すべて国民は、健康で文化的な最低限度の生活を営む権利を有する」ことが保障されており、その理念の実現に向けての社会的諸政策のすべてが社会福祉であり、ヒューマンケアといえます。同時に「国はすべての生活部面について、社会福祉、社会保障及び公衆衛生の向上及び増進に努めなければならない」と規定されており、福祉関係の種々の法律が施行されていますが、これらは何れも憲法の理念を補完するものです。ヒューマンケアに関する法律は多いのですが、各法律を見ると社会の成熟に伴い実態が成立し慣行として定着してから法律が後追いした場合が多く、その成立までの紆余曲折が背景にあります。一方、理論的な議論が先行して立法が社会福祉の前進を加速する場合があります。2000（平成12）年に導入された介護保険法はまさにこれに該当し、法成立で一挙に高齢者福祉が前進しました。

社会福祉の基本には憲法を基礎として社会福祉六法があります。その詳細は成書に譲りますが上述したようにこれらの法律の成立は紆余曲折を経ており，われわれの努力の積み重ねがあることを思うとき，未来も試行錯誤を介してのみ生まれることを痛感します。最初から完璧な制度を導入できたところはどこにも無く，すべて血の滲む試行錯誤の結果であることを知るべきでしょう。何れにしても社会福祉ないしヒューマンケアの歴史を見ると具体的な社会の動きと法律とが両輪の輪のごとく展開してきており，ヒューマンケアの現場を理解するには総合的，かつ歴史的，経時的な視野が求められます。

　人間が生きていくために健康であるか否かにかかわらず自助努力が不可欠ですが，社会もこれに積極的に関与，支援し，健やかな未来社会への発展に向けて努力していく責務があります。ヒューマンケアにおいては健康な成人も対象にしますが，特に保護を必要とする子ども，高齢者，病人，障害者などでは格別のケアが不可欠であり，そこではヒューマンケアが主役を演じます。

　ヒューマンケアには対人関係の技術も重要で，ソーシャルワーク，ケースワーク，コミュニティワークなどの援助技術は社会福祉援助技術であり，直接話を聞き，ラポール（対人信頼関係）をつくる技術です。そこでは対象となる利用者の問題解決を助けるために解決に有用な情報を提供し，ワーカビリティ（問題解決能力）を介して自己解決を目指します。個別援助はケースワークと呼ばれ集団としての間接援助技術と直接援助技術があります。間接援助技術はコミュニティワークと呼びソーシャルアクション（社会活動法），ソーシャル・アドミニストレーション（社会福祉運営管理），ソーシャル・プラニング（社会福祉計画法），などが含まれます。後述する介護保険と同時に導入されたケアマネジメントもこの関連援助技術の一種であるといえます。医学においても疾病の治癒を促し，自立支援を目標としており，その意味では社会福祉と共通の目標をもっています。

3）医療その他の領域とヒューマンケア

　医療面では医学的処置が優先しますが，そこにも患者の心理的ケア，生活支

援，家族支援などの側面があり，ヒューマンケアの介入が求められています。2006（平成18）年の介護保険の見直しで「医療ニーズと介護ニーズを併せ持つ高齢者に対する療養通所介護」が新たなサービスとして設定されましたが，これはまさに医療と福祉の接点を示した施策であるといえるでしょう。これは難病やがん末期に，医療とは別に患者への生活支援や介護する家族のケアの必要性が認知され新設されたもので，医学と福祉の両者のはざまにわたるケアが重要であることを示す具体例となりました。

　以上，医療，保健，そして福祉は相互に密接に関係し合い人間の幸福に関与し，すべてヒューマンケアの側面を成しています。医学，医療もヒューマンケアに含まれますがこれを補完するヒューマンケアが不可欠で，その側面は大きな広がりを示します。ヒューマンケアは保育，保健，医療，看護，栄養，心理，福祉，養護，教育などさまざまな側面からの生活支援を行うもので，医学，医療を含めて広い福祉の立場にたった総合的対策が求められています。

　ヒューマンケアにおいては強者が弱者を支援するのでなく，誰もがすべて平等であるとの思想が根本になければなりません。従来の福祉は健康で社会的優位に立つ人が，低い立場にある弱者に救いを差し伸べるもので，つまり弱者救済が福祉の主流を占め，社会は援助を与えてきました。これはこれで意義がありますが，新しい時代のヒューマンケアはそれぞれがすべて平等で，互いに助け合う自立支援が主流となっています。同じことは社会整備の面でも見られます。例えば従来はバリアフリーといって障害者が健康な人の中で生活する場合健康な人には問題にならないバリアを無くすという意味でしたが，この概念は時代の流れとともに変わり，ユニバーサルデザインの時代になりました。これには障害をもっても健康な人と平等という思想が根底にあり，誰もが社会で平等に生活できる条件を前提としています。最近流行した唄「世界に一つだけの花」はまさにこの考えの表現といえます。

　このことは障害の分野でもいわれており，障害もひとつの個性ととらえる考え方もあります。障害があってもその分だけ感性が豊かであり優劣はないとの主張です。障害者を健常者と同列に遇するノーマライゼーションの概念もこれ

に該当します。この概念は医療，福祉を問わず同じで，自立支援はいずれにおいても共通の目標です。

2 医学，医療をめぐる諸問題

1）わが国の医学の系譜

　ヒューマンケアの対象は広く，成人・子ども・高齢者を問わず健康者までを含みますが，生活上の支障をもつものの多くは疾病ないし健康障害を有しています。ヒューマンケアでは障害の有無に関係なく両者を対象に自立支援を図ることがその第一歩となります。その意味で，保健，医療はヒューマンケアの基礎でもあるといえます。

　われわれの理想とするのはすべての人が健康かつ幸福に生き生きと生活できる社会です。WHO（世界保健機関）は健康の定義として「単に病気や障害がないというだけでなく身体的，精神的，社会的に快適な状態」を挙げています。病気に罹患すれば当然，健康を害するので，これを予防する方策，治療する手段が不可欠であり，それを補完するためにも生活支援を図り自立支援を目指す福祉が必要となります。保健，医療，福祉ないしヒューマンケアは一体化してはじめて大きな成果を上げることができることを再度強調しておきます。

　さて，わが国は明治維新で従来の東洋医学を捨て欧米の医学を輸入しました。医学はドイツの制度を導入しましたが，明治政府は各分野でそれぞれの先進国の制度を模倣，導入しました。陸軍はドイツ式，海軍はイギリス式，文科系統は数カ国から学びました。大学法科にも独法，仏法，英米法などの専攻があり，これに対応して大学の予備部門であった旧制高等学校でも文科は文甲（英語），文乙（ドイツ語），文丙（フランス語）に分かれ，大学での専攻の準備をしました。理科では理甲（英語），理乙（ドイツ語）があり医学部に進学するものは理乙を専攻しドイツ語を学びました。

　かつてのわが国の医学，医療はドイツ医学に準拠し，用語もドイツ語で，多くの医師は挙って（こぞ）ドイツに留学し，その成果を持ち帰り，わが国に広めました。

したがって当時はドイツで関心が高いテーマを議論するのが一流との雰囲気があり，わが国の医学界でもドイツの最新のテーマが研究の中心で，わが国での最も切実なテーマにはあまり注目されない時代がありました。私は戦後，ドイツに留学し診療に従事した経験から，ドイツでは地域に密着したテーマを追求する姿勢が印象的でした。ちなみに明治時代に導入され邦訳されたドイツ由来の医学用語には誤訳が少なくなく，例えば病歴を今でも広くカルテと呼びますが，これは間違いで，カルテはメモ，ドイツ人にはプロトコールといわないと判りません。

さて，太平洋戦争以後は進歩していたアメリカの医学，医療が導入され，用語も英語となりましたが，先進国模倣の風潮は残っていました。病歴の記載もかつてドイツ語（と日本語）でしたが，現在は英語と日本語で記載されており，日本語だけの病歴も多くなりました。このような経緯を反映して現在では研究のテーマもわが国独自のものにシフトし，世界から評価を受けています。この流れは日本内科学会100周年記念誌の「日本人によって発見された疾患」に報告されています。

西洋医学の源流とされるヒポクラテスは，医師への教えとして父権主義(Paternalism)を残し，医師は患者のために最善をつくし患者を指導すべきと教えましたが，現在は，人権の確立とともに医療は医師と患者の共同作業となり，インフォームド・コンセントが重視され，相互に情報を共有するシステムが不可欠となりました。

2）治療医学から予防医学へ

明治時代以来わが国の医療は治療医学が主流で，優れた医師を育成すればすべての問題に対処できるとの発想がありました。その名残として健康保険も現在なお予防給付はなく（健保組合は保健活動を行っていますが）発症してはじめて給付を行います。

治療医学は発症後のケアを担当し，膨大な医学体系を形成してきました。わが国の診療現場では急性，慢性を問わず，生活を犠牲にして医学的処置が優先

されていましたが，最近は生活支援や付き添っている家族のケアも重要であることが指摘されています。特に慢性疾患患者には入院時でも在宅でも医療以外に生活支援や家族へのケアも不可欠であり，ヒューマンケアの大きな側面を成しています。

　一方，医学は専門分化を遂げ，系統別に消化器，神経，循環器，呼吸器，内分泌，泌尿器，アレルギー疾患などに細分化してきました。専門化は最先端の知識，技術で一つ一つの臓器の病気を攻め大きな治療効果を上げていますが，総合的視野を失い，人間を対象とする医学の立場を忘れ易くなっています。この背景から患者中心の総合的視野が必要との議論が生まれ，総合診療科，プライマリ・ケアなどの新しい診療科が生まれています。特に個々の高齢者の多くは数疾患を有しており高齢者の身体的特性を基礎とした総合的視野が必要で，それなしには老年医学は適切な対処ができません。小児科でも同様で，専門分化とは別に子どもの特性に立脚した総合医療が不可欠です。この点，老年科，小児科などは専門別の縦割りに対比して横割りの科であるといえます。医学，医療には縦割りと横割りとの両面が不可欠です。

　また，わが国の医学，医療は明治以来急性疾患を対象に展開してきました。これに対し結核は代表的な慢性疾患でその対策として多くの療養所が威力を発揮しました。この結核も抗結核剤の出現，予防施策の成功など，各分野の医学の進歩を介して峠を越し，最近では他の種々の慢性難病が注目を浴びるようになっています。

　やがて医療の対象は急性疾患から難治性の慢性疾患にも広げられました。慢性病対策としては1972（昭和47）年わが国のユニークな施策として「難病対策」が発足し，大きな成果を上げて今日に至っています。難病対策の契機はSMON（Subacute Myelo-Optico-Neuropathy）の解明でした。1955（昭和30）年頃からわが国に多発したSMONは大きな社会問題となり，1969（昭和44）年，患者の声を受けて政府主導の研究班が結成され，異例の研究費を投入して3年後に服用していた整腸剤キノフォルムの中毒であることが判明し，販売禁止の措置で発症は終焉しました。私はこの解明に参画しましたが，この成果を受けて，

他の慢性難病にも国内の研究者を集めて研究班を組織し，研究費を投入すれば解決するとの期待を生み，難病研究班が続々と発足し，多くの難病研究班に参加してきました。この難病対策はその後大きな成果を上げ，治療研究の目的で患者の医療費を公費で負担するシステムが加えられ，わが国独自の慢性病対策がより一層世界から注目されるようになりました。

3）予防医学，健康づくり

　治療医学は驚異的な進歩を遂げましたが，発症を予防することがより重要であることはいうまでもなく，まず健診システムが推進され普及しました。これは愁訴のない人を対象に健康診断を行い，潜在している病気を発見，早期に対処するもので，結核や癌の早期発見などに大きな威力を発揮しました。この健診を第2次予防と呼びますが，これは潜在的ながらすでに発症しているものを発見するのであり，真の予防は発症させないことにあります。この発症させない健康づくりを第1次予防と呼び，健康づくりが大々的に推進される時代になりました。かつての消極的な「健康を守る」から積極的に「健康を創る」時代になったのです。健康を創るには良い生活習慣が重要な役割を果たし，成人病，老年病は生活習慣病とその名称を代え，健康づくりの最重要課題となりました。

　生活習慣をめぐる話題は多く，かつて沖縄県は長く全国一の長生きを誇っていましたが，2000年になって26位（男性）まで低下し，それには戦後いち早く欧米化した生活習慣が関与していることが明らかにされました。この沖縄の経験は，健康な長生きには素因より生活習慣がより重要なことを示したものです。この沖縄の変化は日本全体の明日の姿を示しています。

　健康づくりの柱は運動，栄養，休養とされています。運動に関しては，われわれの祖先は一日中かけずり回って一日の糧を得ており，逆にいえば運動できた者のみが生き残り，われわれはその素因を受け継いでいるのです。したがって運動をしていれば受け継いだ優れた素因は生きますが，飽食の時代になって全く運動しないのでは素因と生活習慣とのミスマッチを起こし，それが肥満，動脈硬化，糖尿病などの生活習慣病となって発症するともいえます。『背広を

着た縄文人』（丸山征郎 2003；エスアールエル出版）はまさにこの間の事情をよく表現しています。栄養に関しても同様でわれわれが祖先から受け継いでいる「環境に適応して得た素因」に対し，飽食時代の食生活のミスマッチが加わると生活習慣病が発症します。

　ここでは未来の長寿社会創造へ向けて良い生活習慣が不可欠であることを強調したいと思います。いつまでも若々しく保つことができれば，加齢とともに頻度を増す老年病はたとえその原因が不明であっても頻度は抑制されるはずです。国もこの点を重視し，健康日本21計画を提唱し，良い生活習慣を目指して数値目標を設定し，全国的な運動を展開しています。

　以上，未来長寿社会の創造においては健康づくりが最重要課題であることを強調しておきます。

4）国民皆保険をめぐる問題

　1956（昭和31）年わが国では国民皆保険が実施され，それゆえに長寿世界一が達成されました。誰でもどこでも医療の恩恵に浴することができる医療は成熟した社会に不可欠な条件で最大の幸福であることを意識する必要があります。

　健康保険には組合管掌健康保険に加えて政府管掌保険，船員保険，共済組合保険，国民健康保険などがありますが，これらの保険組合は現在医療給付以外に高齢者医療費にかなりの額を拠出しており，そのために赤字に悩んでいます。

　近年医療費の増大で医療制度の改正が議論されていますが，世界からの評価の高い国民皆保険を崩さないとの立場が常に強調されていることは当然です。医療制度の中で特に高齢者，障害者あるいは子どもなど弱者に対する手厚いサービスが求められる一方，高齢者医療費が主因となって健康保険財政の破綻が心配されており，医療費は政治問題となっています。ちなみにその対策として高齢者医療では75歳以上を対象にした新しい後期高齢者医療制度が2008年に導入されました。ここでは高齢者も保険料と医療費の1割を負担し，残りは公費で負担しようとするもので，その仕組は介護保険のそれと類似しています。近い将来，高齢者の介護保険と医療保険とは一体化することもあり得るでしょ

う。

　国民医療費は急激に高騰し続け，年間30兆円を超しており，このまま推移すれば保険制度は破綻するといわれ，種々の対策が討議されています。この際経済優先の政策は医療には馴染まないことを強調したいと思います。そもそも医療費は将来の健康と幸福へ向けての投資であり，その投資効果から医療費の適，不適を論ずるべきで，一律に財政的制限を課するのは本末転倒です。事実，わが国の医療費のGDPに対する比率は約9％で，諸先進国に比べ低いことも知るべきでしょう。

　最近になって，増大した医療費対策として在院日数の制限が行われています。平均在院日数が一定の期間を超えると入院管理料が逓減することになり，急性疾患を含めて多くの患者は退院を余儀なくされる事態が生まれています。上述の難病対策は継続されていますが，退院患者の受け皿として，入院と同じサービスが受けられる在宅医療の普及，推進が緊急の課題とされ，対策が講じられています。

3　社会福祉の展開

1）西欧における社会福祉

　福祉は人類の発展とともに発展してきましたが，その濫觴は西欧諸国にあります。英国においてまず原始的な相互扶助から新しい福祉が芽生え，中世封建社会から近世資本主義社会へ発展する中で社会福祉の新しい胎動が生まれました。具体的には農村から追放された農民対策としてエンクロージャー（囲い込み運動）をしてまで取締令で処罰などをしていましたが，これに対し1601年にエリザベス救貧法が制定されました。この国家的救済策が福祉の嚆矢とされています。その後，各教会の教区単位で救済事業が推進され，働ける人を労働につかせ，里子を推奨し，徒弟に採用し，女子は家事使用人として処遇しました。イギリスの王政は17世紀の名誉革命で崩壊し市民参加による議会制民主主義政治が生まれ，資本主義経済が発展しました。産業革命を通じて貧困な労働

者が増加した背景を受けて1819年には工場法が制定され労働者の保護が開始されました。救貧法に対する批判から全国統一の救済水準，院内保護の原則，などの新救貧法が生まれ，また慈善組織化運動の結果，博愛を基礎としたソーシャルワークが誕生しました。イギリスのバーネットらによるセツルメント運動も生まれ，住民に教育を与え，能力を開発して自活への道をつけるのが真の救済との考え方が生まれました。近代的社会福祉の成立は労働者が生活保障を国に要求して始まり各国に国民保険法が成立しました。当時イギリスでは貧困，疾病，不潔，無知，怠惰は社会的悪とされ，これに対する社会保障制度として，社会保険省が新設され家族手当法，国民保険法，国民扶助法などが制定されました。この流れは多くの資本主義国家の範となり，世界の福祉が世界の大勢として軌道にのりました。一方，アメリカでもリッチモンドらが友愛訪問を開始し，ケアワークやコミュニティオーガニゼーションなどが発足し社会福祉の専門化，近代化が推進されました。このように福祉は人類共通の問題として世界各国に生まれ発展し定着するようになってきており，ヒューマンケアは人類の発展を広く支援してきた歴史があります。

2）日本における社会福祉

　ヒューマンケアは人類共通の流れですが，わが国においても古代には救貧法として養老律令が知られており，推古天皇時代に悲田院，施薬院，療病院などが置かれました。江戸時代には市民社会的な視点が生まれ，救護や救済が前進しました。明治時代になってからは欧米の影響を受けて恤救規則が制定されましたが，貧困の原因は怠惰によるとの考えが基本にあり，救済の責任は民衆相互の責務とされました。この流れには当時は明治以後の興隆期を迎え富国強兵が推進され，公費で怠け者を養ってはならないとする考えが背景にありました。これに対し留岡幸助，石井亮一らの民間社会事業家は人間中心の福祉思想を育て1897（明治30）年にはイギリスにならった片山潜によるセツルメント事業が発足しています。ちなみに私も医学部在学時代セツルメント事業に参加した経験があります。大正時代に入り恐慌，労働争議，関東大震災など社会不安が深

刻化し経済的保護事業として不良住宅地区改良が始まり，公益質屋，公設廉売市場，無料宿泊所，職業紹介所，託児所，貧困児教育所などが設置され，行政的には内務省に救護課が設置され，1920（大正9）年には社会局に昇格しました。1929年には救護法が制定され，生活扶助，医療扶助，助産扶助，失業扶助が行われました。ただ要救護者は公民としての選挙権も停止されており，この前時代的な措置は現在からは考えられません。1933（昭和8）年には児童虐待防止法，1937（昭和12）年には軍事扶助法，母子保護法が制定されました。1938（昭和13）年には社会事業や保健事業を推進するために内務省から厚生省が独立しましたが，戦時中のためにすべての社会事業は戦争優先の旗印の下に厚生事業として統一されました。

第2次世界大戦後は，富国強兵の思想が否定され，1947（昭和22）年に日本国憲法が施行され第25条に国の責任としての生存権の保障が謳われ，新時代を迎えました。この年，社会保障制度審議会が置かれ，福祉三法（生活保護法，児童福祉法，身体障害者福祉法）が制定されました。中でも生活保護法は重要な意義があり最低限の生活が保障され，民生委員がこれを担当することになりました。

1950（昭和25）年には新生活保護法が，1951（昭和26）年には社会福祉事業法が制定され，一般福祉行政の末端として福祉事務所制度が発足しました。同時に多くの福祉団体が統合され，全国社会福祉協議会の前身たる中央社会福祉協議会が発足しています。

1959（昭和34）年には国民年金法が制定され，国民皆年金制度，国民皆保険が実施されました。この国民皆保険はすでに述べたとおり世界的にも優れた政策で，その影響があって長寿世界一が達成されたのです。

現在，福祉を実践する行政機関は厚生労働省で社会援護局，老健局，保険局，年金局，雇用均等・児童家庭局などが担当しています。都道府県，政令都市，市町村は生活に身近な老人福祉法，身体障害者福祉法，知的障害者福祉法などの業務を行い，福祉事務所は都道府県や政令都市に設置することが社会福祉法によって義務づけられています。各自治体は福祉六法に定められた福祉サービ

スを掌握し地域住民の生活上の問題を把握し個別的な福祉サービスを提供します。身体障害者更正相談所は都道府県，政令都市に設置が義務づけられており，身体障害者福祉司が相談や指導を行い医学，心理学的，職能判定，補助具の処方，適合判定をし，更正援護施設への入所や連絡調整を行います。知的障害者更正相談所は知的障害者福祉司が知的障害者の医学的，心理学的，職能的な判定を行い指導します。

　社会福祉協議会は社会福祉法に規定されている民間団体の連合体で，社会調査の実施，ボランティア活動の推進，社会福祉の開発，福祉関係人材の育成，地域福祉の充実を目指しています。都道府県や政令都市の社会福祉協議会には福祉活動指導員，市町村には福祉活動専門員が配置され，ボランティア活動などの専門的指導，援助を行っています。なおボランティア活動の中にはアメリカでケネディ大統領の妹シュライバー夫人がはじめたスペシャルオリンピックス活動があり，知的発達障害者のスポーツを通じての国際交流を目指して世界的規模で活動しています。わが国にもスペシャルオリンピックス日本が活発な活動を展開しており，ちなみに私もスペシャルオリンピックス日本・愛知の会長を務めていました。

　高齢者に対しては高齢者保健福祉推進十か年戦略（ゴールドプラン）が策定され，1989（平成元）年から実施されました。1994（平成6）年にはゴールドプランの見直しが行われ新ゴールドプランが制定されました。1995（平成7）年には高齢社会対策大綱が決定され，65歳までの雇用，完全週休2日制と1800時間労働の実現，認知症高齢者の財産の保護システムなどが提案され，2000（平成12）年には介護保険法が制定され，2006（平成18）年には自立支援の理念の延長として見直しが行われ高齢者対策は新たな時代を迎えつつあります。

4　介護保険の導入

1）導入に至る社会的背景

　わが国の高齢者福祉対策にとって2000（平成12）年の介護保険導入は福祉新

時代を画し，非常に大きな出来事でした．

　わが国はきわめて短期間で世界一の長寿を達成しましたが，これには経済の発展，医学の進歩，国民皆保険などが深く関与しています．太平洋戦争以前や戦後には平均寿命が50歳前後であり，わが国が現在このような長寿国になることは全く予想できませんでした．2005（平成17）年の高齢化率（全人口に対する65歳以上の高齢者の比率）は21.0％で2020年には27.8％に達すると予測されています．

　この高齢化は少子化と連動しています．わが国の合計特殊出生率（1人の女性が一生に子どもを産む数）は1.25（2005年）で世界最低に属し，この状況は今後も続くと予想され，わが国の将来に暗影を投げ掛けています．

　そもそも高齢社会の創造は人類が初めて経験する大事業で，世界各国は理想の姿を求めて鎬を削っており，長寿世界一を達成したわが国はその最先端にいます．したがってわれわれは従来の欧米模倣から脱却して自らの手で未来長寿社会を創造すべき責務を担ったというべきです．

　個人の老化には大きな差があり，これを暦年齢で区切って一律のルールを当てはめるのは適切ではありません．今後は健康度，活動度に応じた社会的年齢をもって対策を考える必要があるでしょう．また，65歳以上を高齢者とするルールは科学的根拠はなく，人口の約10％を高齢者とすると社会がうまく機能するとの発想に基づきます．事実65歳以上の高齢者の中，要介護者はわずか19％に過ぎず，その4倍以上は健康で，意欲ある「円熟した頭脳と豊富な経験をもつ高齢者」で，このエネルギーを社会発展に結びつけることができれば未来長寿社会は無限に明るくなります．現在75歳以上を高齢者とする提案がなされていますが，そうなれば現在約20％とされる高齢化率は約8％強になり，それだけで若々しい国との印象が生まれ，未来はパッと明るいという印象が生まれます．2008年に導入される後期高齢者医療制度も75歳以上が対象です．

　高齢化の実態は健康で意欲ある高齢者が増加するという光の部分で，それに伴い若干の要介護者が増加する陰の部分があるのは止むを得ないというべきでしょう．今後高齢化が進むとともに陰の部分も増加しますが，これをいかに予

防するかが問われているのです。

　一方，社会的に活動しているが健康問題を抱えている高齢者は多く，健康保険受診者の中，高齢者は入院患者の約60％，外来患者の40％を占めており，高齢者にとって医療は重要です。ただ，膨大に膨れあがった高齢者医療費は大きな社会問題になっています。かつては福祉施設が整備されていない状況のもとで医療の必要がないのに医療機関に入院する社会的入院が増加し，少なくともこれは福祉施設が担当すべきとの議論が強まりました。この社会的入院の解消は介護保険導入の大きな因子となり，導入後は福祉施設に移行し社会的入院はほぼ解消しました。

　高齢者にとって老後の生活の場も問題です。核家族化で家族との同居は減少し，独居老人が増えており，今や独居世帯の数は同居世帯のそれを上回っています。今後この傾向は一層強くなると予想されますが，これに対応するには地域の介護力が不可欠で種々の対策が計画されています。有料老人ホームが新しい住処として増加していますが，そこではプライバシーを保つ個室は保証されますが，いったん外へでるとそこはコミュニティ，かつ医療，福祉が完備している地域社会が再構築されると期待されています。

　対高齢者の福祉ニーズに対応する福祉政策は長い間，措置でなされてきましたが，2000（平成12）年には社会福祉構造改革を受けて，社会福祉事業法は社会福祉法に改正され，介護保険が導入され介護保険法が成立しました。

2）介護保険導入の意義

　すでに述べたようにわれわれは自らの手で未来長寿社会を創造していくべき責務を担いました。この背景を受けて2000（平成12）年に世界注視の中でわが国の介護保険が導入されました。この導入はわが国の福祉の進歩という意味で大きな出来事で，高齢者ケアは家族の責任から社会の責任へと展開し，世代間で支える仕組みが初めて成立しました。

　わが国の介護保険は世界に誇るべき幾つかの長所を有しています。
① 　半分が公費負担で，全額公費負担の北欧型システムとドイツの純保険シス

テムの両者の長所を巧みに取り入れたユニークな制度である。
② その目標を従来の弱者救済から自立支援へと180度転換した。このことは介護保険法第1条にも明記されている。
③ 一部保険料を負担することにより従来のお仕着せの措置サービスから権利としてサービスを選択できるようになった。
④ 在宅を中心に展開された。これは住み慣れた自宅，住み慣れた地域に最期まで居たいとの高齢者の希望に対応するものである。
⑤ 要支援という予防給付を導入した。これは保険システムに予防給付が導入された最初の例であり，話題を呼んだ。
⑥ ケアマネジメントを取り入れ，ケアマネジャーという新しい職種が生まれた。この制度は社会資源である多彩なサービスを調整して利用者に合理的，効率的なケアプランを提供するものである。このケアマネジメントは現在介護保険に大きく貢献しているが，障害者にもこの手法は必要で，今後，高齢者と障害者との共生福祉計画でも有用な働きを成すものと期待されている。
⑦ 要介護度決定にコンピュータシステムを導入した。これは世界で最初の試みであった。
⑧ 市町村が保険者になり地方分権の大きなステップとなった。
などです。

　導入以前にはサービスの基盤整備なしに保険料を徴収するのは詐欺ではないかとの批判が多くありましたが，法成立から施行まで3年間があり，その間に政府も最大限の努力を尽くしサービス基盤を整備したため，導入後利用者は増加し，社会に定着してこの批判は消えました。その後このシステムで社会的入院も是正され，ほぼ円滑に導入されたと総括されています。

3）介護保険の見直し

　2006（平成18）年，法に従い5年後の見直しが行われましたが，これは当初の理念とその成果の上に展開されたもので，その意味では介護保険システムは着実に発展しつつあるといえましょう。われわれは当初から「走りながら考え

る」とのスローガンを掲げてきましたが，未来は試行錯誤のうえにのみ花咲くことを実感しています。福祉システム全般にいえることですが，理想的に見える世界のどの国でも最初から完璧な制度を導入できたところはどこにもなく，全て血の滲む試行錯誤の上に今日があることを知るべきでしょう。

　見直しの柱は介護予防（筋力増強，栄養改善，口腔衛生）の導入，地域密着型サービスの展開，地域包括支援センターの創設などで，これらは要支援として取り入れた予防給付の拡大であり，一般の健康づくりと多くの点で共通点があります。保健，医療，福祉はやがて一体化する方向に動いているといえます。

　介護保険を経済的視点から見てみると，利用者負担を除く費用の50％は，国・都道府県・市町村の公費で賄われ，50％が被保険者の保険料により賄われていますが，財政規模は2000（平成12）年の3.6兆円から2006（平成18）年には7.1兆円に膨らんでおり，直接の雇用人口は約200万，しかもこれを経済の目から見れば高齢化，過疎化の進んだ地域ほど大きな事業所を持ち，多くの雇用を生む最優良企業であるといえます。これを核に今後増加する高齢者マーケットに対応して業績を伸ばしていく点で，まさにわが国の基幹産業ともいえましょう。

　財政規模増大に対応して「持続可能なシステムへ」の議論が行われましたが，本来，福祉，介護は医療と同じく未来の健康と幸福への投資であり，高齢化に伴う自然増もある以上，単なる予算削減の思想で対処するのは誤りです。合理化，重点化の努力で，結果として財政支出が削減されるなら結構なことで，その視点から見直しが行われました。

4）社会福祉の財源問題

　社会福祉の財政は原則，国と都道府県とが分担しており，最近の流れで権限移譲に伴い財源も地方に移譲する傾向が生まれています。その流れで国負担が減少しつつあり，その負担比率は逆転しつつあります。国が責任をもてば全国一律のサービスが保障されますが，地方に移譲されると地域ごとのきめ細かいサービスが可能となる反面，財政力の弱い地方では十分な援助が困難となり，一長一短です。

最近，この福祉負担に関し消費税増税が議論されています。現在の消費税は5％ですが，先進諸国でははるかに高率で，20％を超している国も少なくありません。消費税は公平な負担であり，福祉の財源には合理的ですが，増税は選挙に大きな影響があり，なかなか政治日程に上りにくい面があります。最近は消費税を福祉税と限定して税率を引き上げすべきとの議論が多くなっています。

5　障害者支援とヒューマンケア

　障害者の支援も重要な社会的課題で，最近になって新時代に対応した介護，看護，福祉の展開が見られています。1993（平成5）年には障害者基本法が成立，また1995（平成7）年には「障害者プラン～ノーマライゼーション7か年戦略」が提案されました。ノーマライゼーションとは1971（昭和46）年国連が知的障害者の権利宣言として，1975（昭和50）年には障害者の権利宣言として，障害者の完全参加と平等を目指して設定された概念で，今や世界に認知されています。そこでは生活リズムの確保，ノーマルな要求の尊重，ノーマルな生活水準，環境確保，男女両性の共生する環境などを目指しています。人権擁護の観点からは成年後見制度も導入されています。

　2006（平成18）年，障害者自立支援法が施行されましたが，目指すところは障害者福祉システムの近代化で，障害者が自立できるように地域支援を整備し，かつ福祉サービスを選択可能なサービスとして定義したものです。そこでは従来の応能（収入に応じた負担）から応益（利用したサービスに応じて負担）へと転換しています。目的は身体，知的，精神の三障害の制度格差を解消，共通のサービスを提供し，サービスの主体を市町村に移管，地域での自立した生活や就業を支援します。障害区分を導入し，上限を設け，10％の自己負担を求めるなど制度を近代化しようとした意図は評価できますが，障害が重いほど負担も多いなど，また従来負担なしであったホテルコストが徴収されるようになったことに対し障害者からは反発もあります。また，この背景には介護保険の財政的基盤確立のために被保険者を若年まで拡げ，その代わり若年障害者にも介

護保険に準じたサービスを提供しようとする意図もあります。いずれにしても今後，この制度がどのように発展していくか，われわれは注目していく必要があるでしょう。

ケアの目標を自立支援におく限り，システムの近代化は避けて通れません。福祉に関する社会の流れは常に進歩しており，今後人類の発展とともに柔軟に対応してシステムを大きく展開させる必要があり，常に未来を目指し試行錯誤を続けていく必要があるでしょう。

6　子どもをめぐる諸問題

1）少子化社会の課題

世界では開発途上国を中心に人口が増加し，人口爆発ともいわれている中で，先進国では少子化が高齢化とともに進行し，少子高齢社会の到来に拍車が掛かっています。わが国もその例に漏れず，少子化の進行は切実です。第2次ベビーブームの1973（昭和48）年にわが国で出生した子どもは209万名でしたが，2005（平成17）年には106万名と約半数近く減少しています。合計特殊出生率（1人の女性が一生に産む子どもの数）は1966（昭和41）年には2.14でしたが，1966（昭和41）年のひのえうまの年には1.58，その後第2次ベビーブームの1973年には2.14となったもののそれ以降は低下しつづけ，1989（平成元）年には1.57となり1.57ショックといわれました。その後も減少傾向は止まらず，将来推計は数回にわたり変更を余儀なくされ，現在は1.3を下回っています。社会の未来を担うのは子どもであり，子どもの少ない国は発展が望めません。そのために種々の対策が講じられ，多少改善の傾向が見られ始めましたが，少子化への十分な歯止めは未だ掛からず，小学校も児童の減少で統合，廃校が続いています。

これは社会環境の変化と無縁ではありません。親の世代にとっては，子どもを産み，育てる負担が大きく，子育てや教育にお金が掛かりすぎ，かつ育児の心理的，身体的負担に耐えられない事情があります。育児の負担は重くエンゼ

ル係数（家計における育児費用の比率）は子ども1人で16～17％，2人で24～27％，3人で33.3％といわれており，当面子どもの養育の比重を軽減することが必要でしょう。少子化で合計特殊出生率が急速に低下し大きな社会問題になっていますが，その原因として社会の成熟に伴う晩婚化があり，非婚率も上昇しています。現在非婚率は20歳代で54％，30歳代で26.6％となっていますが，この状況は今後も続くと予想され，また，非婚や晩婚化に伴う高齢出産への不安や負担も大きな誘因となっています。

　これらの諸条件は未来少子高齢社会の設計に大きな影響を与えており，少子化からの脱却は緊急の課題です。

2）少子時代の大学

　少子化傾向の結果，18歳人口も減少傾向にあり20年前の約4分の1が減少しています。高校進学率はすでに90％以上，大学進学率も50％を越しますが，やがて限界に達し，進学希望者の絶対数は減少しつつあります。それに対応して偏差値の評価は高まり，受験戦争を複雑にしています。一方，規制緩和で大学の設置や増設は容易となり大学定員は増加傾向にあるために，数年以内には大学進学希望者と入学定員とがほぼ均衡し全入時代（志願者全員が入学する）が到来すると予想されています。その時代には大学は入学生をいかにして卒業させるかという課題が迫ってきます。そこでは良い大学，特色ある大学が生き残ることができるでしょう。

3）子どもに関する知識

　子どもは成人とは異なる特性があり，かつ成長期という特殊な立場にあります。胎児期は子どもの前段階であり，生下時体重は約3kg，身長は50cm前後，一時的な生理的体重減少を経て3ないし4カ月で体重は約2倍，1歳で3倍，身長は1歳で1.5倍，4ないし5歳で2倍に成長します。出生から4週までを新生児期，1歳までを乳児期，小学校入学までを幼児期，小学校入学から12歳までを学童期と呼びます。子どもの年齢による定義は一定しておらず，親に対

しての子どもはいつまでも子どもであり続けますが、児童福祉法では、18歳未満とされています。一方、民法や少年法では20歳未満、臓器移植法では16歳未満とまちまちです。ちなみに日本尊厳死協会の尊厳死法素案では18歳以上が自分の意思でリビング・ウィルの宣言を可能としています。

4）子どもを取り巻く環境

　現在子どもを取り巻く環境も急激に変化しつつあり、子どものことを論じるに当たっては子どもの置かれている環境を十分理解する必要があります。核家族化、電化製品や既成食の普及、外食産業の発達などは子どもの成長にも大きな変化を与えています。女性の社会進出、雇用労働者化は家庭で子どもを中心に団欒する機会を減少させ、電話も個人単位になり、テレビも個室化、テレビゲームの普及などで家族団欒の機会は減少し子どもは孤立しています。家族の信頼関係がいったん崩れると家庭を継続する意味が少なくなり、離婚が増加しつつあり、「子は鎹（かすがい）」といった結びつきすら危なくなりつつあるのが現状です。また子どもから見ると両親不在や塾通いで家庭の団欒なしに1人で食事をとる機会が多くなりつつあり、事実、朝食を1人で食べている子どもは約40％、食事の時間も家族と顔を合わせず、会話はいっそう減少しつつあるという調査結果があります。

　この様な状況では両親は子どもの気持ちを理解できず、また理解しようとせず、子どもを取り巻く地域社会も変貌しつつあります。親の就労体制によって都市化や過疎化で自然と親しみ豊かな心を育てる環境が少なくなり、コンビニエンスストアに象徴される「心の通わない社会生活」が生まれ、ファーストフードの氾濫は人間らしい生活をスポイルしています。同時に従来、家庭が担っていた教育の場、介護、福祉、扶養の場はなくなりつつあるのです。

　この状況を受けて、その反省として、改めて子どもを囲んで互いに助け合う場としての家庭や互いに休息をとり癒し合うといった精神的な結びつきが求められるようになり、そのためにも社会あげての子どもケアを推進する気風は強くなりつつあります。それは保育、養護教育を含め、教育全般の問題であり、

子どもを対象とした健康づくりや医療をも包括するものである必要があります。成育には母親の問題もあり，保育士の業務には単に子どものケアのみでなく保護者へのアプローチとケアも含まれています。

　地域社会の希薄化に伴い地域の支援が従来よりはるかに少なくなり，核家族化に伴い家族，特に母親に負担が掛かるようになっています。例えば休養時子どもをあずける場所は従来近隣が多かったのに対し，近所を通り越して遠方の親や親族にシフトしています。また母親同士に連帯感が薄く，むしろ緊張関係が生まれる場合もあり，孤独な母親が友人を求める「公園デビュー」といった新語も生まれています。母親の孤独は深刻で相談する相手もなく，虐待に走ったりするケースが報告されています。

　特に配偶者を失ったり失業や疾病罹患で経済的，精神的負担が大きくなったりすると，福祉による援助を受ける必要が生じやすく，ひとり親家庭でも社会の援助が必要になります。

5) 子どもの心理的問題

　子どもを取り巻く環境の変化に子どもがうまく適応できない状況が生まれつつあります。数少ない子どもに対する過剰な期待や失望，不安なども渦巻いており，種々の社会現象となって現れており，心理的な面からのケアが従来以上に必要とされるようになっています。少子時代の教育の問題も深刻です。一人っ子は現在，約10％，従来多数のきょうだいの中で社会性を身につけて育っていたのに比し，多数の子どもが子どもの世界を作り大人とは異なる環境で人間関係を円滑にする機会が少なくなっており，これらの環境が不登校や非行の原因として議論されています。不登校は全国で15万名を越しており，対策が求められていますが，現在の学校での規制は昔と比べ希薄になり，いじめ，不登校以外にも非行や校内暴力が多発しており，子どもが必ずしも理想的な環境に育っているとはいえないのが現状です。このような事柄は単なる子どものわがままでなく，よく観察すれば子どもから大人に向かって何らかのメッセージを発信していることが多く，それを察し，対応を考えることが必要でしょう。

以上，子どもを取り巻く環境は激動を続けており，その中で理想的な環境を準備するのが難しい現状をよく理解する必要があります。

6）児童福祉の成立と展開

かつては，子どもは親や社会の所有で，幼いときから大人の代わりの働き手であり，小さな大人でした。18世紀後半になってルソーは「子どもは年齢相応の子どもらしさ」を認めることを提唱し，幼稚園の創始者であるフレーベルは「人間は本来，創造力，活動力を備えておりそれを発揮する過程が成長である」と述べました。

イギリスでの産業革命ではオーエンが「良い性格は良い環境の中に育つ」と述べ，19世紀末にはバーナードらによりイギリスに最初の児童養護施設が設立されました。20世紀になるとスウェーデンのエレン・ケイは「20世紀は児童の世紀」と主張し児童福祉が大きく前進しました。1909（明治42）年にはT. ルーズベルト大統領により第1回児童福祉ホワイトハウス会議が開かれ，子どもにとって家庭が大事であることが指摘されました。戦後1948（昭和23）年には世界人権宣言が行われ子どもの権利や生活の保障や教育の権利も謳われ，1959（昭和34）年に国連総会で児童権利宣言が採択されました。1989（平成元）年には児童の権利に関する条約が国連総会で成立し，わが国も1994（平成6）年に批准し，ここに子どもの基本的権利が国際的に保証され，子どもは幸福な生活を送りかつ自己と社会の福利のために権利と自由を享有することになりました。この流れの中で子どもは保護される対象から，権利をもち，自分の力でその権利を擁護する存在となったのです。

7）わが国における子どもケア

わが国において子どもに関する施策はかなり遅れて発足し，戦後になって児童福祉のシステムが新たに構築されました。戦後の児童福祉法により児童相談所は都道府県と政令都市に設置が義務づけられ児童に関する相談に応じ，家庭，環境に関する調査や医学，心理学，教育学，社会学的および精神保健上の判定

を行い必要な指導や援助を行うことになりました。1951（昭和26）年に児童憲章が制定され，「日本国憲法に従い児童に対する正しい観念を確立し，全ての児童の幸福をはかるためにこの憲章を定める」との前文に続いて「児童は人として尊ばれ社会の一員として重んぜられ，児童は良い環境の中で育てられる」旨が明記されました。児童憲章を受けた児童福祉法の第1条には「すべての国民は，児童が心身ともに健やかに生まれ，且つ，育成されるように努めなければならない。すべての児童は，ひとしくその生活を保障され，愛護されなければならない。」とあり，第2条には「国及び地方公共団体は，児童の保護者とともに，児童を心身ともに健やかに育成する責任を負う」と児童福祉の理念が明記されています。保育所では子育て相談を行い，児童家庭支援センターなど，社会全体で子育て支援をしていく方向に決定されました。中央児童相談所には子ども家庭110番を設置し相談業務を行うことになりましたが，本学でもその線に沿って地域に開かれたこどもケアセンターを設置し，積極的に地域の問題に対処し，学生に対し教育効果を上げています。1961（昭和36）年には母子家庭を対象とした児童扶養手当法が制定され，児童福祉法，身体障害者福祉法，生活保護法，知的障害者福祉法，老人福祉法，母子及び寡婦福祉法は福祉六法と呼ばれ，福祉関係の基本法として現在も重視されています。

　1971（昭和46）年には児童手当法が，1989（平成元）年にはゴールドプランとして長期展望に立った今後の社会福祉のあり方について答申がなされ，一方，緊急保育対策としてエンゼルプランが策定され，さらに少子化対策を強化した新エンゼルプランに更新され，少子化対策は新時代に入りました。保育では特に最近，女性の社会進出で共働き家庭が増加し，保育所待機児童が社会問題となり，一方，幼稚園と保育所を統合した認定こども園が2006（平成18）年度には実現しました。1997（平成9）年には保育所への入所決定が措置から保護者の希望による選択利用方式へ，また応能負担から応益負担へと変わりました。2001（平成13）年の児童福祉法改正では，保育士は国家資格となり保育士の定義も変更され，名称独占となり，保育士は「専門的知識及び技術をもって児童の保育及び児童の保護者に対する保育に関する指導を行うことを業とする者」

とされました。

　児童福祉には歴史があり，先人たちの努力で今日の姿がありますが，子どもの権利が認められたのはそう昔のことではありません。人権思想の普及にともない子どもの権利が大きく主張され，新時代の子どものあり方が新しい問題となっています。われわれはその歴史を知り，現在の子どもを取り巻く状況を正確に知る必要があります。

第1章
保育・教育学の視点から

平井タカネ

1　乳幼児期とケアの原点

　私たちの生活の中でケアの精神がもっとも強く生かされているのは医療や福祉の領域といえます。近年顕著となった高齢化，そして心身の障害を抱える人々への対応は，単なる対処療法としての治療（キュア）ではなく，ノーマライゼーション思想の実現を目指した人間としての自立と尊厳を支える支援や環境の整備としてのケアであるといえます。

　ところで，「ケア」ということについて鷲田（2004：213-214）は次のように述べています。

　「条件なしに，あなたがいるという，ただそれだけの理由で享ける世話，それがケアなのではないだろうか」そしてさらに「ケアがケアでありうるのは，何らかの目的や効果を勘定に入れない，つまりは意味を介しないで「ともにいる」こと，つまり「時間をあげる」ことのなかでであった」。

　ここで少し人間の歴史を振り返ってみると，どんな医学も科学も発達していない古代の生活の中で，人々は「子育て」においては「いのちを護り育てる」ことのためにどんな見返りも考えないで，あらゆる力と工夫を注いできたのではないでしょうか。このような子育ての行為こそ「ケア」の精神が凝縮したものといえるでしょう。

　本章は乳幼児期の保育にかかわる人や保育に関心をもつ人のためだけでなく，子どもをとりまくすべての人が「乳児や幼児を育てること，乳児や幼児が育つ

こと」を理解することの中に「ケアの精神」を感じ取り，生涯にわたる「ケア」の意味と行動の基礎を習得できればと期待してまとめています。

　そのために乳児や幼児期の心身の発達的特性，小さな子どもはどんな活動の中でそのいのちを充実成長させていくのか，気候や風土の中で創意・工夫された子育ての文化などへの理解を期待して述べていきます。

1）無防備ないのち

　新生児は大きな産声とともに人間世界にその一歩を踏み出します。しかし，その泣き声の大きさや元気さに比べて赤ん坊の「生きる能力」のなんと小さいことかと，生まれたばかりの赤ちゃんをみて改めて周りの大人たちは子どもを育てる重みを実感するのです。人間の赤ん坊に比べて，身近にみたり映像で知る多くの動物たちは，生まれるとほどなく自分で立ち上がり母親に近づき乳房を見つけて飲み始めます。しかし人間の赤ん坊は泣く以外は母親のおっぱいに近づくために這うことも歩くこともできないのです。そのためには半年も1年もかかります。ポルトマンは（1961：123-125），このような人間の子どものあまりに未熟なままでの誕生を「生理的早産」とよびました。生まれたばかりの新生児は与えられたミルクで空腹を満たし，おしっこやウンチを取り除いてもらうと心地よさそうにほとんど昼夜の区別なく眠り続けます。このひたすら眠るだけの無力な生き物である赤ちゃんを周りの人々は手をさしのべて世話をし，慈しんで育てていきます。それは何故でしょう。赤ん坊は何もできないけれど，にもかかわらず私たちの心をとらえて離さないのです。無心に眠る顔にふと浮かぶ笑みやしかめっ面，愛らしい手足の動きなど，赤ちゃんのもつこの上ない平安と穏やかな「いのち」の在りかたに，私たちは心の癒しと励ましを与えられるからでしょう。幼な子たちのこのようなすばらしい「いのちの力」を感じ取ること，無償の世話を通して自分の心身に拡がるほのぼのとした充実感や幸福感など何物にも代え難い想いを実感することが「ケア」の原点なのです。無力に見える赤ん坊の大きな力を感じる保育や子育ての中にこそ「ケア」の初源があるといえるかもしれません。

人間として完全に無力な状態で生まれてくる子どもたちの，周りの人たちにすべてを託すという生命のあり方の峻厳さを受け止め，どんな小さな反応にも対応する姿勢が「ヒューマンケア」の姿勢といえます。

　中山らは，また「人は本性上ケアを必要とし，ケアを求める存在である。これは，相手・他者との情的また物質的結合関係を本性上求めることである。ケアを求めている人に応えることは，他者の手助けになるだけでなく，共同体における人間どうしの結びつきを強めることになる」（中山・高橋 2001：72）と述べ，ケアの行為がする人とされる人2者間の関係を超えて，共同体を有機的に結びまとめる広がりと深まりの可能性を示唆しています。

2）動物の種としての人間

　さて，人間という存在は，しばしば最も高度に進化した動物とされますが，何がどのように他の動物あるいは哺乳類と異なるのか，乳児期や幼児期の相違は何か，少し見ておきましょう。

　図1-1は，人間と他の動物の中枢神経系の比較をしたものです（時実 1969：26）。どの種も中枢として古い皮質と新しい皮質の両方をもっています。古い皮質の多くは生命の発生時にすでに活動を開始している神経系で，しばしば本能という言葉で示されますが，食欲・睡眠・快不快・怒りなどの基本的な欲求や情動を制御するのに対して，新しい皮質は心身の体験などを通して発達していく感情・知・身体操作機能を制御する神経系をいいます。人間に比較すると他の種の動物は脳の中で古い皮質の占める割合が大きいといえます。しかし同時に人間も古い皮質の働きをもちながら生きていることの意味を受け止めるべきでしょう。特に発育・発達の順序からみると，小さな子どもたちがいきなり高度の知識や技術への興味を示すことはないし，またそれらの習得も困難です。子どもたちは身近な「人・もの・ことがら」を見たり聞いたり身体で直接ふれること，そして，それらを通して強い興味や関心を示すのです。このような直接的な体験を通して，古い皮質という情動に強く関係する部位は盛んに活動し，快不快や不安，恐れ，嫉妬，好悪の感情を発達させていくのです。

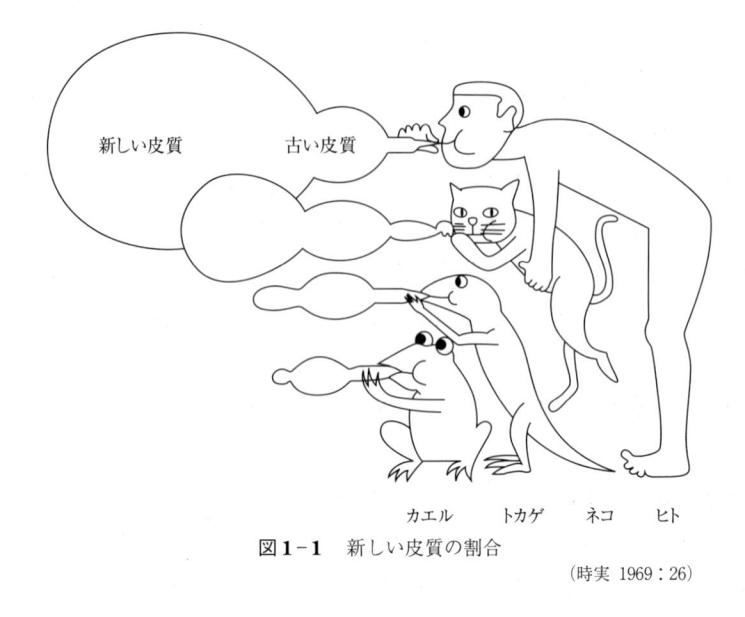

カエル　トカゲ　ネコ　ヒト
図1-1　新しい皮質の割合
(時実 1969：26)

　感情や情動の発達は，2歳ごろにはほぼ成人と同じくらいに分化し発達するといわれています。乳幼児期におけるさまざまな事象とのかかわりや多様な感情の体験は，古い皮質の充実と発達を促し，人格形成の基礎をつくるものとなります。図1-2は脳の三層構造を示しています。外界からの刺激は脳幹に伝えられ古い皮質から新しい皮質に伝えられます。

　乳幼児期の古い皮質の十分な発達は，それ以後の人間としての成長発達を支える新しい皮質の活動を促進するものとなるのです。すなわち，古い皮質における感情や感覚・知覚の十分な活動や発達を基礎として，本当の人間らしい知的・創造的な個性への期待が可能なのです。例えば，痛い，くすぐったい，なでてもらうなどの皮膚感覚は情動の中枢と自律神経や免疫機能を支配する大脳の古い皮質の視床下部に伝えられ，心とからだ全体

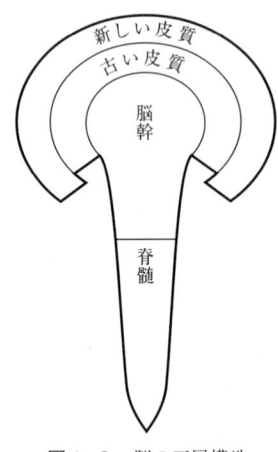

図1-2　脳の三層構造
(時実 1974：94)

に影響を与えるといわれます。両親などの身近な人々との身体的心地よいふれあい（スキンシップ）の体験は，情動を安定させ，疾病に対する免疫力を高めることにもつながることだと推測されるのです。人とふれあうことの意味や働きは，遊びの機能の項目で改めて考えることにしますが，古い皮質が記憶している意味のある体験なのです。人間が動物であると考える重要な視点がここにあります。

3）乳幼児期の発達的特徴

　生まれたばかりの赤ちゃんは周りの人々の保護や支えによって乳幼児期，児童期，青年期を経て心身ともに自立に向けて成長していきます。その概略を理解し，乳幼児期に必要な保育や教育の課題について考えてみることにします。

　まず図1-3はスキャモンによる人間の発育型を曲線で示したものです。スキャモンの発育曲線の中で，乳幼児期の特徴的な発達傾向を示しているのが，神経系の曲線といえます。大脳の神経系は最も早く発達し，幼児期（6歳ごろ）にはその90％に達しています。すなわち，この頃までにほぼ成人と同じほどの発達を完成させているということです。それでは，この神経系についてもう少し見てみます。人間の大脳は誕生時には40億ほどの神経細胞があるといわれます。しかしこれらの細胞は誕生時には個別に存在するだけであり，細胞間のネットワークは人間に備わっている自然な生理・心理学的発達およびそれぞれの個人特有の心身の活動体験に伴って充実していくものです。そのような心身の活動や体験を通して身体制御能力や想像・創造的知力，感性や感覚力などが養われていきます。そ

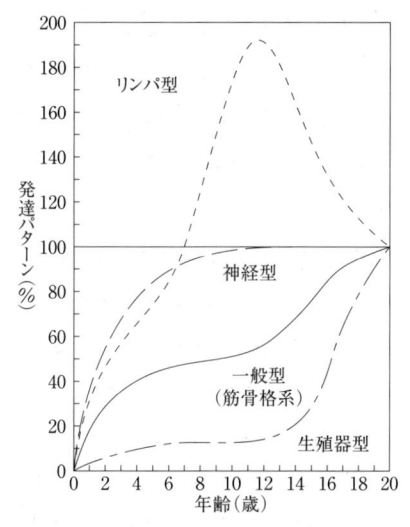

図1-3　スキャモンの発育曲線

（小田　2003：104）

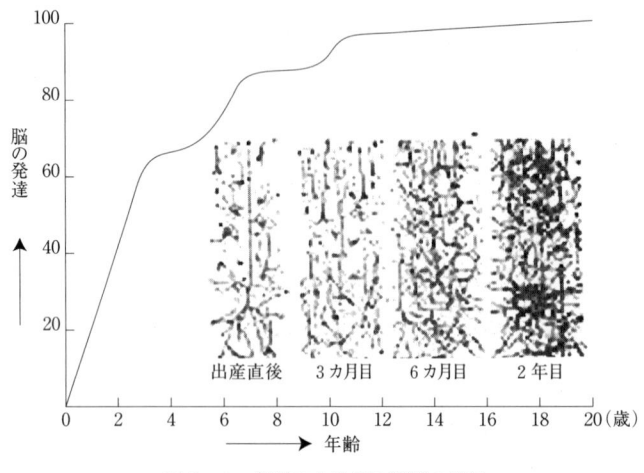

図1-4　年齢による脳の発達の状況

(時実 1974：64)

して，このようなさまざまな力が発揮されるための基礎となる細胞間の連携が，10歳前後までの活動の種類や内容に左右されるということなのです。

　以上のことから，乳幼児期を中心として学童期までの心身の直接的体験の重要さが理解できるでしょう。そして，それらの体験こそ人生のさまざまな節目や生涯を通して，あるいは心身のバランスを崩した時期などに，新しい生きる希望や力を再生するための力となったり，慰め励ます支えともなるのです。それは心とからだの原点であり，ケアのポイントや手立てのよりどころとなるものです。

　図1-4は，大脳の個々の細胞が突起を伸ばして連絡網を作る様子を示しています。出生直後はまだバラバラに孤立している神経細胞が2歳ごろには多くの細胞間の連絡が密となっていることがわかります。また，実線で示されているグラフは出生から成人（20歳）するまでの脳の発達の曲線を示していて，3歳，7歳，11歳ごろに，それぞれピークが認められます。初めのピークが現れる3歳前後は，自我の芽生えとともに心身の自立を目指す行動が現れる時期を示しています。2つ目のピークは7歳前後に現れ，文字や数などの知や文化への興味が目覚める時期でちょうど小学校入学期と一致しています。10〜11歳頃

に認められる最後のピークは，自分を取り巻く時空間世界から社会，自然などいっそう広く大きな世界への認識が高まることを示しています。図1-3と重ね合わせると，10歳前後までの体験や経験の重要性が一層強く認識されます。

2　自己表現とコミュニケーション

1）他者存在の認識と自己の表現

　自分の生命を守るどんな力ももたない乳児は，身近な大人たちの手によるさまざまな保護について，それらは全部「自分が創りだしたものである」と感じているといいます。そしてこのことは自分が欲しているように，あるいはそれ以上に心地よく満足できる心身の状況を提供されることによって赤ちゃんは「自分が可能にした」という自尊・自己効力感の源泉を自分の中に確信することになるとウィニコット（2004：68）は述べます。

　赤ちゃんはそんな心身充実感の中で，次第に周りの人から差し出される声や言葉，からだにふれられる温かい手やリズミカルなタッチにさまざまに反応しようとします。これが「人と関係を作りたい」「いっしょにいたい」という，いわゆるコミュニケーションの始まりなのです。もし，赤ちゃんが他者による心地よい心身を味わっていなかったら，人と関係を作りたいとは思わないはずです。恐れや不安で他者を避けてしまうでしょう。

　やがて小さな子どもたちは，平穏な心身の状態を満喫しながら，心の視点を少しずつ外へ向け始めます。まず，手や足を動かしたり，それをなめたりしながら自分という存在を感じ始めます。自分の探索は拡大し，抱っこされたり正面にある他の人たちの顔や声の違いを感じとり，周囲の人々や物，事柄などに関する探索へと広がり，自分と違う存在の認識・確認へと進んでいきます。それは，自分と異なる他者という存在に向かって自分を伝え，表現するという関係づくりの発見となります。

　赤ちゃんが喃語といわれる「アー」や「ウー」などの声を出すことを楽しんでいるときに周りの人が同じような声やさまざまな応答をすると，赤ちゃんは

それに対してまた声や表情あるいは身体の動きで応答してくれます。自分と異なる「他者」存在への興味と自分表現によるコミュニケーションのはじまりといえます。

2）ミルクよりコミュニケーション

　寝転んでいるだけで何もできない赤ちゃんが自分の生命と同じくらい，あるいはそれ以上に身近な人（母親など）とのコミュニケーションを大事に感じていることを示しているのが**写真1-1**です。人間の赤ちゃんは授乳時にしばしばお乳やミルクを飲むことを中止して母親をじっと見つめることがあります。それに気がついて母親が「どうしたの？」とか「もうおなかいっぱいなの？」など声をかけるとまた元気に飲み始めるといわれます。しかし，このような行動は人間に最も近いとされる類人猿には見られないようです。では，人間の赤ちゃんのこのような行動は何を意味しているのでしょうか。

　野生生活を基盤にしている動物にとって，外敵の襲撃は予測できないものといえます。そんな動物の赤ん坊にとって自分の生命を守るためにはとにかく空腹を満たすことが最優先になります。したがってお乳を飲んでいるときに，それを中止したらまたすぐお乳が飲めるとは限らないのですから，母親の表情な

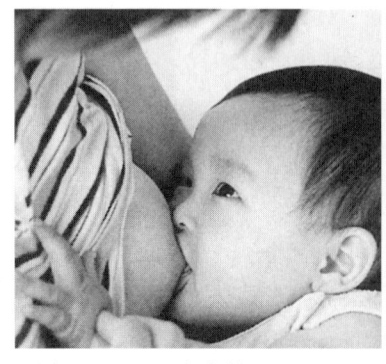

写真1-1　ママの顔を見つめながらのおっぱい（8カ月児）
（朝日新聞 2004）

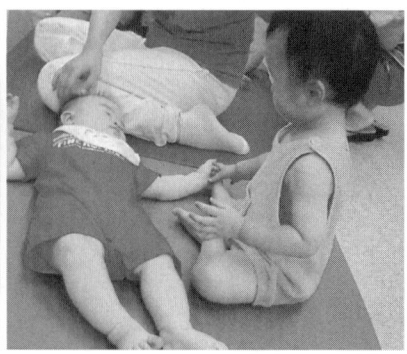

写真1-2　赤ちゃん同士で

どを気にする余裕は無いといえます。一方，すでに生命を他者に委ねている人間の赤ちゃんにとって，自分の生命と存在を保証してもらう人との絆は最も重要といえます。赤ちゃんはミルクを飲むことを止めてさえも母親との絆や交流を維持しようとするのです。赤ちゃんや小さい子どもたちがいかに親や身近な人を信頼し，絆を創りたいと感じているかを私たちはもっと真剣に受け止める必要があると考えます。また，**写真1-2**にも見られるように，赤ちゃんの興味は「人間」に対して大変強いものがあり，特に小さな子どもの存在に興味を示し注目することが多いようです。

3）子どものための基地

　赤ちゃんや小さな子どもがたどたどしい言葉で語りかけてきたり，にっこりしてくれるだけで大人たちはすっかりその虜になってしまいます。なぜかわからないけれど私たちは赤ちゃんや小さな子どもに惹かれてしまう心情をもっているようです。そのためか多くの親たちは子どもの意思や要求に関係なく髪型（時には髪を染める）や衣服（身体の自由さが無い）を自分の好みや見た目の可愛らしさを重視して整えてしまいます。また，子どもの言葉や動作が遅いことに対して不器用のためまどろっこしいと思ってしまい，つい口出しや手出しをしてしまうことがあります。

　しかし，すでにみてきたように子どもは3歳になると自我の芽生えの中で自分の好みや希望を感じています。それは親たちが与えてくれるものとは違うことがあるのです。そしてそれを実現できたり，失敗することも大切な経験となります。自分ができそうなことへの挑戦とその実現こそ子どもたちの自信，生きる力になり得るものといえます。私たち保育・教育に携わる人たちにとって，子どもの生命に危険がない限り子どもたちの自分の力に対する挑戦を見守る余裕が必要なのです。子どもたちはその挑戦に成功しても失敗しても，彼らを見守っている人々のもとに必ず帰ってきます。怖い思いをしたとき，失敗したときに腕を広げてしっかり受けとめてもらえるという安心感と信頼の確信があるから，子どもたちは少しずつ親から離れながら自分を試す勇気が出てくるので

す。親や保育・教育に携わる人たちは，子どもにとって戻るところであり，そして再び出かけてゆくための「基地」なのです。

　子どもたちがそれぞれに伝えたいという想いの声や言葉あるいは身振りやしぐさをしっかり受け止め，さまざまな自分表現を励ますよう心がけたいものです。正高信男は「笑いはまぎれもなくポジティブな情動の表出である。周囲が友好的に働きかければ働きかけるほど，赤ちゃんは笑いの頻度を増加させるに違いない。それがまさに言語技術の発達の第一歩となる」と述べています（2001：85）。

4）脳の中に描かれる他者像――ミラーニューロン

　乳児の口にスプーンで食べ物を運ぶ親，そして乳児の姿を思い浮かべてみてください。親の口も乳児と同じように，あるいは乳児の口も親と同じように開いていることがしばしば見られます。このような状況においてなされる2者間のコミュニケーションとはいったいどのような特性をもっているのでしょうか。

　同時に口を開けている乳児と親が，まさに同じような脳の活動状態にあることを示唆する興味深い研究があります。最近の脳研究の中で，「ミラーニューロン（mirror neuron）」という神経が発見され，コミュニケーションの意味や機能についての考察が深められています。このミラーニューロンは大脳の運動性言語野（言語ブローカ野）という，言語に関係する脳の部位にあることが確認され，言語の発達との関係性も示唆されています。すなわち，自分がある行為をするときに活発に動く脳のある種のニューロン群が，他人が同じ行為をしていて自分はそれを見ているだけのときでも活動するというのです。つまり，人の動きを見ているだけなのに，脳はあたかも自分がその行為を行っているかのような反応をみせるというのです。これがまるで鏡に映っているような感じであることから，ミラーニューロンと名付けられています。サルの実験で，サル自身がしたことのある行為については，同じ行為をみるとミラーニューロンは反応するのに対して，したことのない行為については反応しないというのです。

　このミラーニューロンの役割についてはまだ十分に解明されているとはいえ

ないのですが，他人の心の状態を推測すること（mind reading）に何か影響を与えているのではないかといわれています。他者の立場や感情を理解したり共感できることは，同様の同じ立場や同様の感情体験をしたことがあるときに，あたかも自分がその人と同じ立場や同じ感情を味わっているような脳の状態になるからであるというのです。

　ミラーニューロンの存在は，単体では生存できない生物における他者との交流やコミュニケーション，そしてこれらの発達を考える上で貴重な資料となります。すなわち，人には他者の行動や行為をあたかも自分がしているように感じることができる神経システムが備わっているということを意味するのです。先ほどの乳児と親の例でいうと，両者は相手の行為をあたかも自分のものとして感じた状態にあるといえます。

　このような能力がいつ頃から発達するのか，その発達はどのような活動や行為によって促進されるものであるかが今後の課題になるといえます。私たちに生来備わっているというこのミラーニューロンの意味を理解することによって，子どもたちの，そして人間同士の深いコミュニケーションとケアの精神がどのようにして発達充実してゆくのか明らかにされることは，教育やケアの中で大切であると思われます。

3　遊びの中で育つ

1）現実とファンタジーを生きる遊び

　乳幼児の行動が何か現実的な利得を求めて行われるのではなく，ただ楽しいこと，面白いと思うことを繋げて続けられていることは，多くの保育者や幼児にかかわる人々の一致した見解です。ところで，子どもの精神世界の特徴として次のような傾向をあげることができます。

　すなわち，
① 頭の中に浮かんだことを実在すると考える（実念論　realisum）
② あらゆるものに人と同じく生命があると考える（汎心論　animism）

③ 太陽・星などの自然物をすべて人間がつくったと考える（人工論　artificialism）

　このようなものの見方・考え方・認識の仕方は子どもの特徴ですが，いわゆる自己中心性を示すものといわれます。子どもたちはこのような認識のもとで子どもらしい遊びの世界を創り上げていきます。子どもたちはどんなに得策にみえたり有意義に思われる活動でも，楽しくなければ，また面白くなければ我慢も忍耐もしないで中止・終了してさっさと次の活動に移ってしまうものです。しかし，子どもたちはこれらの「遊び」を通して成長していきます。また，成人や高齢者あるいは青年期においても心身のさまざまな不調や障害に出会ったとき，「遊び」は子どもの頃の平和な情景を思い出させてくれたり，新たな意欲や元気を取り戻す契機になることが臨床的にも実践され，検討・証明されてきています。

　それでは，「遊び」とはどんな特性をもった活動であるのかについて，考えてみます。

　遊戯論でもっとも著名なホイジンガ（1963：31）はその著「ホモ・ルーデンス」の中で，「遊び・遊戯」の特性を次のように説明しています。いくつかを引用しましょう。

　　①すべての遊戯はまず第一に，また何にもまして，一つの自由な行動である。命令されてする遊戯，そんなものはもう遊戯ではない。
　　②子どもや動物が遊ぶのは，そこに楽しさがあるからであり，そしてまさにこの点にこそ，彼らの自由があるのだ。
　　③遊戯は〈日常の〉あるいは〈本来の〉生ではない。日常生活から，ある一時的な活動の領域へと踏み出していくことである。幼い子どもでももう，遊びというものは〈ただホントのことをするふりをしているもの〉だと感じているのだし，すべては〈ただ楽しみのためにすること〉なのだ，と知ってもいる。
　　④遊戯は日常から，それが行われる場と持続時間によって区別される。完結性と限定性が遊戯の特徴を形成する。現実から切り離され，それだけ

で完結しているある行為のためにささげられた世界、日常世界内部に特に設けられた一時的な世界なのである。遊戯の場の内部は、一つの固有な、絶対的秩序が統べている。

⑤遊戯の領域の中では、日常生活のおきてや習慣は、もはや何の効力ももっていない。われわれは〈別の存在になっている〉のだし、〈別のやり方でやっている〉のだ。この〈日常世界〉が一時的に消えてしまうのは、子どもの生活の中でも、すでにはっきりとわかるほどである。

　遊びとは、日常のいつもの時空間の中で行われる活動ではあるけれど、時間も場所もいつもとは全く違う意味や機能をもつということです。普通の体育館や教室が深い海底になったり、白いシーツを頭から被ると妖精にもなるしお化けにも変身できて、弱い人を助けたり悪者を懲らしめるなど特別の超能力をもつこともできるのです。

2）遊びの中の育ち

　先述したウィニコットは他の著書の中で、遊びという活動が幼児期の子どもに及ぼす影響について次のように述べています。「子どもにとって豊かさは主として遊びと空想の中に見いだされる。子どもの人格は子ども自身の遊びや他の子どもや大人との遊びを通して発展する。自分自身を豊かにすることによって、子どもは外界の現実世界の豊かさを知る力を徐々に拡げていく。遊びは創造性の証拠であり、生きていることを意味する」。(2004：68)

　図1-5は久保田競による遊びの仕方と脳の発達の関係をねずみを対象として実験した結果を示しています（久保田 2003：80-83）。Aは10匹ほどのねずみを一緒に入れ、かごの中にはさまざまな動きや遊びができる遊具を備えた条件で飼育（豊かな環境）した場合、Bは3匹入れて飼育したもの（標準）、そしてCはケージの中に1匹だけ入れて飼育したもの（貧しい環境）の3条件で脳の発達を解剖学的に検討したものです。結果は、**図1-6**で示されているように、豊かな環境で飼育された（A）のねずみの脳重量の発達が貧しい環境（C）のねずみに比較して脳のどの領域でも発達が大きく進んだことが示され

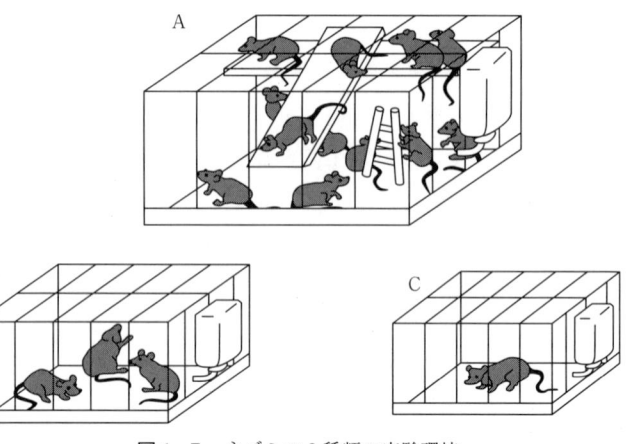

図1-5　ネズミの3種類の実験環境
＊これら3種類の飼育環境によって，ネズミの脳に解剖学的な差異が生じる。

(久保田 2003：81)

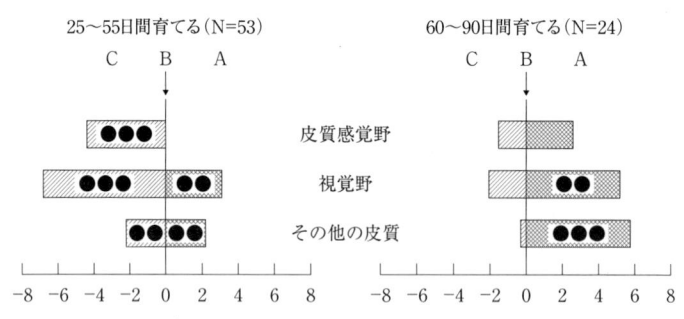

図1-6　ネズミの3種類の実験環境における皮質重量の差（％）
＊ゆたかな環境（A），まずしい環境（C）で育てたネズミの大脳皮質の異なった領域の皮質重量のちがい。標準の環境（B）で育ったものとの比較。

(久保田 2003：82)

ています。子どもたちは楽しい遊びの中で心身を精一杯活動させることを通して成長していくと考えられますが，中でも遊びを創りだしたり共に楽しむ仲間の存在が大きな意味をもつことが，この結果からも示唆されるといえます。

　乳幼児期は保育園や幼稚園の活動に象徴されるように小学校とは異なり，教科などの知的な活動をほとんど含んでいません。しかし，遊びの中で心身のダイナミックで多様な活動を通して子どもたちは多くのことに気づき学習し，さ

まざまな能力，例えば，感覚や知覚能力，運動機能，言語力，判断や決断力，思考し記憶する力，数への興味や認識，感情や情動の変化への気づき，想像・創造力，そして社会性などを発達させていきます。

楽しみと自由と解放感，仲間との信頼感や連帯感は，たとえしばしばケンカをしても，心身の平穏と共に生きるエネルギーをつくり出すものです。子どもの頃への回帰や遊びがしばしば精神のバランスとエネルギーをもたらしてくれることが，近年の精神医療の中で検証・確認されてきています。

このことについては，次節で述べます。

3）遊びの発達——身体活動の意味

子どもたちは遊びの中で生命を生きているといっても過言ではないといえます。しかし，まだお座りもハイハイもできない3カ月の乳児と，テレビで放映されるサッカーに興味をもち，保育園や幼稚園でサッカーゲームを楽しんでいる5歳の幼児が，ともに同じ遊びを楽しんでいるとはいえないでしょう。すなわち，子どもたちは年齢や心身の発育発達に伴う遊びを遊んでいるのです。それでは，子どもたちはいつごろどのような遊びを楽しんでいるのか，山下俊郎（山下 1987：289-290）の分類（心の働きから）を参考に見てゆきます。

　①感覚遊び：感覚を働かせることが子どもの心に楽しみを呼び起こすような遊び。
　②運動遊び：手足や身体の運動が楽しみをもたらす遊び。赤ちゃんが立ったりすわったりすることや，滑り台やブランコ遊びなど。
　③想像遊び：子どもの周囲にあるいろいろの生活を模倣して動き，活動することによって楽しまれるごっこ遊び。ままごと，人形ごっこなど。
　④受容あそび：絵本をみたり，テレビや歌を聞いたりする遊び。
　⑤構成遊び：いろいろなものを組み立てたり，創り出したりするところに楽しみの感じられる遊び。積み木，砂いじり，切り紙など。

このような遊びの発達は，周りの人間（子どもも大人も含んで）との関係に伴って一層広がりと面白みの深まりが期待できるでしょう。

また，一人遊び（喃語の発声など，唇の感触やその音を楽しむなど）の楽しみ，父や母に揺すってもらったりタカイタカイをしてもらう楽しみ，同じ形のおもちゃをもって友だちの近くで同じ遊びをするだけで楽しいと感じる遊び，役割分担やルールなどを決めて，協力や協同して楽しみを創りだす遊びなどの視点からも遊びの発達的考察が行われています。

　正高信男は言語の習得においてすら身体体験の重要性を次のようにのべます。「健聴な赤ちゃんが個々の音パターンを調音する技能を獲得するため，最初は身体運動の「介在」が必要であるという事実は，それらの多様な種類の音の産出がそもそも特定の身体運動によって喚起される感覚の介在ぬきには幼い子どもにとって不可能であることを示唆しているのだろう」。（正高 2001：94）

4　風土の中で培われた子育て文化

1) 文化と表現の形

　人はその気候や風土という環境の中で，さまざまな環境条件を利用しながら日常生活を営み，精神と身体に関わる文化を創り出してきています。保育や子育ても同じように風土に馴染んだ形を工夫し創造してきたと考えられます。子どもたちは人々が長い間の工夫や知恵によって創り出した文化の中に生まれるのであって，その影響は生き方そのものを決定するほど強い影響を与えるものといえます。

　図1-7と図1-8は，どちらも日本人の子ども（4歳児）が書いた「おてがみ」です。ただし，図1-7は日本に住んでいる家族の子どもであり，図1-8はカナダに住んでいる日本人家族の子どもです。2人は同じ4歳ですが，2人が日常眼にする文字は全く違うもので，図1-7の子どもは漢字やひらがなが多い日本語，そして，図1-8の子どもはアルファベット文字の英語です。2人の子どもが書いた「おてがみ」が，それぞれの文字の形をよく表していることに驚きさえ感じます。それぞれの文字の形がそれぞれの子どもの「書く」という身体動作に強く植え込まれ，馴染んでいることがわかります。日本に住ん

第1章　保育・教育学の視点から

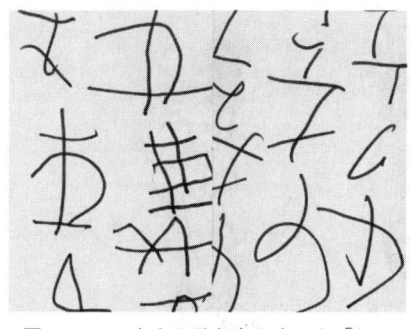

図1-7　日本人の子どもが書いた「おてがみ」（日本在住）

図1-8　日本人の子どもが書いた「おてがみ」（カナダ在住）

で毎日テレビや絵本で見る日本語の文字の形は子どもたちの「身体」に浸透して根づき，身体を漢字やかなの形になじませてゆくのです。これは決して2人の間で簡単に交換可能というものではないのです。このように生活様式の身体化はあらゆる面で観察されるといえます。何気ない歩行，相手へのあいづち，挨拶のしぐさなども同様です。

　このように，長い時間をかけて日本の風土に根づいて子どもに向かって発せられる声や言葉，子どもに向かって差し出される身体の形は，生活様式が欧米と同じになってきた現代においても注目して良いのではないでしょうか。

　乳幼児期の体験は夢の中の出来事のようにぼんやりとしか記憶されていないことが多いといえますが，それでも親や周りの人々との身体のふれあいなどは快不快あるいは不安・恐怖などの心の在りようとともに強く記憶されていることが多いと考えられます。「お母さんの匂い」，「お父さんの手」の感触など，自分の記憶をたどっているとふと懐かしく思い出されることがあります。乳幼児にとって両親や身近な人々による抱っこやおんぶもその中の一つといえます。山口創(2004：74-75)は乳幼児期の母親や父親とのスキンシップの重要性を強調していますが，その中で母親と父親とのスキンシップはそれぞれ違った意味をもち，思春期の情動や精神の発現に異なる影響を与えることを実証しています。

図1-9　温かい背中で育つ

(永田 1990：32, 121)

2) 開示される温かい背中

　私たち日本人が古くから小さな子どもを背中で育てていたことが図1-9から理解されます。この図は江戸時代に活躍した葛飾北斎の絵ですが，仕事に精を出す母親の背中で赤ん坊は平和な眠りを満喫しています。考えてみると，皮膚や身体のふれあいは子どもの古い皮質に感情と共に記憶されることを先に述べました。このことは，ふれあいの形の中に子どもがその生命，すなわち心身を安心して委ねることができる状態であったのかということが重要なのです。

　それはおんぶしたり抱っこしている人が，自然なリズムでからだを動かしていることが重要なのです。連続する一定の規則正しいリズムが子どもの身体に流れ込むとき，子どもはその人と一体感を感じながら安心と平穏な気分の中で眠りを味わうことができるのです。抱っこの場合は，抱っこしている人の動作や作業は子どもに視野を妨げられて，不規則なリズムになりがちです。子どもが小さいほど安定した穏やかなリズムの中で育てることが大切と思われますが，保育にかかわる人たちがこのことを認識することがいっそう大切といえます。

　次に背中のおんぶが互いのコミュニケーションを広げる可能性についてみてみましょう。同じ図1-9の右側も北斎の絵ですが，おんぶされた子どもが周りに目を向けている様子が描かれています。この子どもが指を差して「あれ，何？」と言えば，母親は同じ方向に視線をむけて，「あれはねぇ……」などの

図 1-10 日本画の表現に見る背中
（上村松園『侍月，良宵之図』1926）

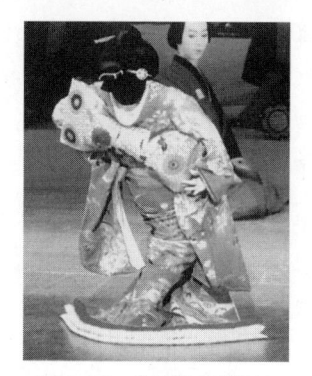

図 1-11 歌舞伎の所作に見る背中
（河竹 1982）

会話になるでしょう。

　抱っこは，しばしば向き合うという2人の関係が完結し閉ざされた形になる傾向に対して，おんぶでは親子の視線が交わることは少ないけれど2人の世界は外に開かれており，子どもの伝達的表現である「指差し」や外界の人・もの・できごとを取り入れた対話のコミュニケーションが可能となります。指差しの発現は子どもにおける自他存在の区別という，精神の重要な発達を示す行動なのです。

　さて，背中に関してもう一つ興味ある日本の文化の形を紹介しましょう。図1-10，図1-11はそれぞれ日本の絵画と伝統芸能である歌舞伎の所作の型です。いずれも「美しいもの」として背中を強調して表現されていますが，これは日本人の美的感情を示す一例ともいえるでしょう。背中は美しいものであり，そして温かく受け止めてくれる懐かしい場所という表現でもあるのです。

　これらを総合すると，日本人は背中に育まれてきたことを示すといえるかもしれません。ところで，欧米の絵画には背中を描いたものとしては女性の裸体が少し確認されますが，懐かしい感情を引き起こすものではないようです。むしろ欧米の人々にとって背中は「冷たい背中（cold back）」という表現の方が適切のようです。

しかし、2004年に芥川賞を受賞した作品の題名は『蹴りたい背中』(綿矢 2003)であり、日本人の背中は近年ますます人々の想いや古い皮質の記憶そして子育てからも遠ざかってしまっていることを痛感させられます。私たちはいま、保育や子育ての中で「抱っこ」だけでなく、「おんぶ」も含めたさまざまな形の「からだコミュニケーション」を考えるときではないかと思います。

3) お風呂と畳のコミュニケーション

　背中のおんぶとともに日本人の心に心地よく記憶されるものは、親や祖父母と一緒に入ったお風呂の思い出ではないでしょうか。手を離したら溺れてしまうほどのお湯に深く身を沈めて、ふんわりと抱えてもらった心地よさの記憶は多くの日本人に根づいた強い親子、家族愛を創り出す場でもありました。現在も温泉ブームはつづいており、またどんな欧米スタイルのマンションや家屋にも風呂（浴槽）が備えられているのが普通の状況です。日本人の風呂好きは古い時代から変わっていないといえるでしょう。

　子どもをしっかり抱いてそのからだを洗ってやったり、ゆったりと湯ぶねに浸かりながら、胸に抱っこした子どもと「お話をする」のは、日本の親子の情景の一つといえますが、最も近い国である韓国ではあまり見られない親子風景のようです。韓国の多くの家庭のお風呂はシャワーだけで、浴槽を備えている家は少ないようです（コリアンワークス　2002：152）。気候や風土の違いに由来しているのでしょう。

　幼児期、児童期までの家族一緒のお風呂は、楽しい遊び的要素が加わると、まさに素肌のコミュニケーションの場であるといってもよいでしょう。中学生や高校生になった子どもたちにとっても、親と楽しんだお風呂の楽しさは、ときに感情の行き違いも解きほぐしてくれる作用をするかもしれないと期待されるところです。

　欧米のお風呂風景はさらにすいぶん違った形をしており、興味深いとともに改めて日本のお風呂のよさを見直してよいと思うところです。**写真1-3**はカナダに住んでいる日本人の家庭で、近隣のカナダ人主婦たちが赤ちゃんをお風

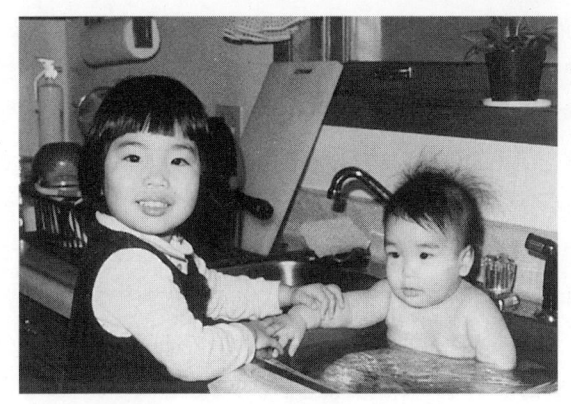

写真1-3　赤ちゃんの入浴（カナダでの例）

呂に入れる方法を真似してもらって写真に撮ったものです。赤ちゃんは食物や食器を洗うシンクにお湯を入れて洗うのです。カナダの母親たちにとって，子どもをお風呂にいれるのは「洗濯」や「食器洗い」とほとんど同じ感覚なのかもしれません。写真の子どもはニコニコしていますが，日本の家庭のお風呂で味わう裸のコミュニケーションとはほど遠い関係といえるでしょう。

　日本中の多くの都市や村から銭湯が消えつつありますが，少し前の銭湯では地域の人々が1日の疲れを取りながら，洗い場で互いの背中を流し合い，子どもを抱っこしながら大きな湯ぶねで世間話をするなどいろいろな情報交換の場でもありました。人々は風呂を通して地域での温かい交流を創ったり，あるいは感情を流して仲直りをするなど，あるがままの素顔にもどって互いの関係を大事に工夫をしてきたものでした。銭湯の復活は期待できない状況ですが，少なくとも子育て期の家庭のお風呂は大切にしたいものと考えます。

5　ケアの原点としての乳幼児期体験

1）精神身体文化に配慮したケアの在り方

　1995（平成7）年の阪神大震災で被災した多くの人たちの中で心身に与えた痛みや悲しみを，畳の部屋が癒してくれたという話しを聞いたことがあります。

災害による精神のトラウマを抱えた小学校の児童たちが，畳の部屋で親と川の字に寝るようになって，その心の安定を取り戻していったということです。あの大きな被害を受けた阪神地域の子どもたちが，これまで起きた災害地では世界のどこの子どもたちよりトラウマが小さく，早い時期に軽減していったのは，子どもたちが一人で眠るのではなくいつでも声を掛けることができたり，親の布団にもぐりこむことができると感じ，その心が軽くなったからではないかというものです。とても示唆を含んだ話しであると思われました。

　近年新しく建てられるマンションなどには畳の部屋がほとんどなくなりかけているようですが，日本の気候や風土を考えると畳はさまざまな意味で日本に適した床の形であろうと思われます。蒸し暑い梅雨や夏はカーペットやじゅうたんにはない清涼感を与えてくれるし，底冷えのする寒い冬はフローリングの冷たさを緩和してくれます。立ち上がり，座るという姿勢の変化も身体への適度の刺激になり得ること，ベッドとは違う広やかさの中でゴロンと横になるくつろぎ感もあります。

　以上，日本人が日本の気候風土の中で工夫してきた子育ての知恵をたどりながら，保育だけではなく私たちの生涯を通じて共通する「意味のあるケアの形」を浮き彫りにしたいと試みました。肩こりを訴える多くの人にとって，無言であっても肩や背中にさし伸ばされる温かい手は，子どもの頃の平穏に身を預けた心地よさを思い出させる，ケアの精神に添うものといえます。

2）心とからだの変化を誘う遊び

　図 1-12 はある入院中の患者さんと，子どもの頃の遊びを思い出し，イメージ（つきたての餅になったり，海岸で魚とりをしたり，ボールなしのキャッチボールをしたり）を広げながらリズム表現遊びをしたときの樹木描画の変化です。1カ月を過ぎた頃に退院されたのですが，次第に身体の動きに機敏さが戻り，物事に耐えようとする気持ちや自分を主張する意欲が見えると同時に樹木の幹が大きく力強く描かれていきました。

　図 1-13 は，大学生（女子 3 人）における同じようなイメージ・ファンタ

第1章 保育・教育学の視点から

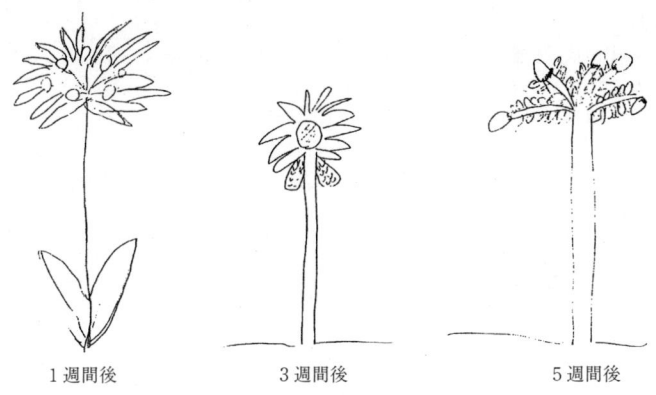

| 1週間後 | 3週間後 | 5週間後 |

図1-12 リズム運動セッション後の樹木画

ジーを伴う表現遊びをした前後の樹木画です。いずれも，遊びの後の樹木は前の樹木より幹や枝などが伸びやかに大きく描かれて，心身がいきいきと弾むように見えます。樹木に小鳥がきて止まり，さえずる声が聞こえたという感想を述べた人もいました。

　子どものような他愛もない遊びが，日常を超えた世界に連れ出してくれて，新鮮な感覚を取り戻すことができたという結果がこのような樹木画でも示されたものといえるでしょう。

　乳幼児期の楽しい心身の体験は，周りの人々の優しく温かな保護の時空間を思い起こさせ，心身の力の回復を目指すケアの精神と通ずるものがあることを示しています。

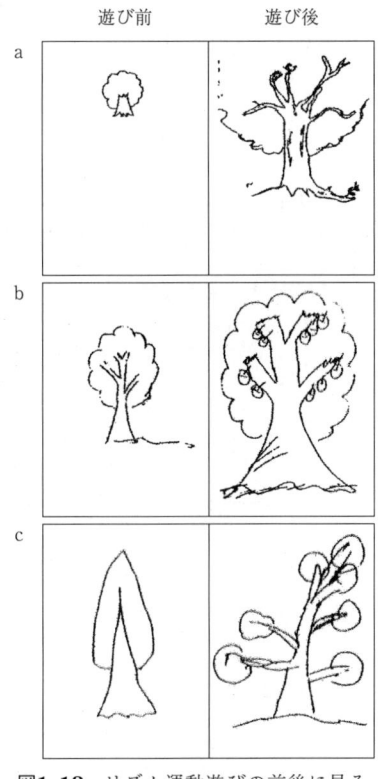

遊び前　遊び後

a

b

c

図1-13 リズム運動遊びの前後に見る樹木図

引用文献

ホイジンガ，J., 高橋英夫（訳）(1963)『ホモ・ルーデンス』中央公論社．
河竹登志夫監修（1982）『原色歌舞伎詳細』グラフ社．
久保田競（2003）『脳の発達と子どものからだ』築地書館．
コリアンワークス（2002）『「日本人と韓国人」なるほど事典』PHP文庫．
正高信男（2001）『子どもはことばをからだで覚える―メロディから意味の世界へ―』中公新書．
茂木健一郎（2006）『いま，心をはぐくむ子育てのために―0才からの脳と心を育てる本―』主婦の友社．
永田生慈監修・解説（1990）『北斎漫画Ⅲ』東京美術．
中山將，高橋隆雄編（2001）『ケア論の射程』九州大学出版会．
小田豊監修（2003）『保育内容総論』三晃書房．
ポルトマン，A., 高木正孝（訳）(1961)『人間はどこまで動物か』岩波新書．
時実利彦（1969）『目でみる脳―その構造と機能―』東京大学出版会．
時実利彦（1974）『脳と保育』雷鳥社．
鷲田清一（2004）『「聴く」ことの力―臨床哲学試論―』阪急コミュニケーションズ．
綿矢りさ（2003）『蹴りたい背中』河出書房新社．
ウィニコット，D.W., 橋本雅雄（訳）(1979)『遊ぶことと現実』岩崎学術出版社．
ウィニコット，D.W., 猪俣丈二（訳）(2004)『子どもはなぜあそぶの―続・ウィニコット博士の育児講義―』星和書店．
山口創（2004）『子どもの「脳」は肌にある』光文社新書．
山下俊郎（1987）『幼児心理学』朝倉書店．

読者のための参考図書

イタール，中野善達，松田清（訳）(2004)『新訳　アヴェロンの野生児』福村出版．
　　1800年フランスで発見された「野生児」は医師イタールの6年間の教育でも「普通の子」には成長しなかったが，多くの成果からどんな子どもも教育の可能性があるとした．
本田和子（1980）『子どもたちのいる宇宙』三省堂選書77．
　　著者は，発達論や教育・教育心理学の外に身を置いて，「子どもの世界」の不思議さと面白さを探りたいという．興味ある乳幼児理解の1冊といえよう．

第2章
養護・看護からみた子どもケア

堀内久美子

1　ケアの本質と子ども観

1）ケアということば

「ケア」ということばは多用されていて，私たちがたびたび目にするものです。

ケアということばの意味を考えてみると，広井（2003：14-15）が整理しているように，第1には，もっとも広義の「配慮・気遣い」です。誰かのことを「気にかける」のはすべてケアですし，肌や髪の手入れを「スキンケア」「ヘアケア」と表現しています。第2は中間的な意味として「世話」，さらに第3はもっとも狭義の医療・福祉・心理といった分野に特化されたもの（intensive care, long-term care など）でしょう。

佐藤（1998：164）は，教育学の立場から，「ケア」を，「対象に対して心を砕き，いつくしみ育み世話をする，人と人，人と生きもの，人とモノのかかわりを意味する言葉」としています。「かかわり」にケアの本質をみているといえるでしょう。

教育の場で活動する養護教諭は，このような本質をもつケアを，ひとりひとりの子どもに寄り添って日々実践しています。

また金井（1998：114-115）は，ナイチンゲールの「看護覚え書」の原文から「ケア」という単語を含む39のパラグラフの英文と和訳を対比して，**表2-1**のように報告し，「本来の看護のありようを考え，世界で初めて"Nurse", "Nurs-

表2-1 「看護覚え書」にみる「ケア」の語と和訳

・care in the administration of diet.	―世話
・Will any care prevent such a patient?	―世話
・with proper care	―気くばり，配慮
・with the greatest care	―細心の注意
・All these things require common sense and care.	
―これらのことの総ては，常識と気づかいとを必要とする	
・require more care	―注意
・take greater care of themselves	―大切
・be cared for	―世話をする
・the most cruel absence of care	―最も残酷な配慮の欠如
・hung with their cares	―心配事が掲げられている
・by care	―配慮による
・want of care	―配慮の欠落
・take care	―注意する
・utmost care	―細心の注意
・very nice care	―細心の注意
・more care	―いっそうの配慮
・same care	―同様の世話
・take care	―気をつける

(金井 1998：114-115)

ing" という言葉に意味を与えたナイチンゲールは，看護が本来の姿を表現するには，その行為において『配慮』や『気配り』や『注意』が大切だと力説している」と主張しています。

2) ケアの双方向性

　ケアは双方向のものであり，単に「与える→受ける」という関係ではありません。ケアを提供する側（専門的職業として，あるいは市民・隣人のボランティアとして，いずれであっても）は，ケアの「受け手」から多くのものを得ているのです。

　ケアの「受け手」が子どもである場合，大人はとかく「世話をしてあげる」と，一方向のものとして考えがちです。現実には，ケアは相互作用であり，子どもの笑顔や動作から大人が測り知れない「報酬」を得ていることは多くの人が経験しています。

　メイヤロフ（田村他訳 2005：13-16）によれば，「一人の人格をケアするとは，

最も深い意味で，その人が成長すること，自己実現することをたすけること」であり，他者の成長のために自分自身が必要とされていることを感じるのです。

広井（2003：16-17）も，「ケアをおこなっている（あるいは「提供」している）人自身が，むしろ力を与えられたり，ある充足感や統合感を得る，ということがしばしば起こる」と指摘し，人間という存在が「ケアへの欲求」をもっており，それが実現する場としてさまざまなかかわりのかたちがある，としています。

外口（1988：166）は，「ケアの受け手が与え手となるとき」と題して，心を病む人への看護活動（特にセルフヘルプグループ活動）の中から，医療に携わる者が利用者からのフィードバックを受けて成長していくことであると述べています。

こうした「ケアの双方向性」について，ケアを行う専門的職業（医療・保健・教育・福祉・心理など）の共通点を「人が人を支える仕事」「自分も生き，成長できる仕事」と解説している案内書（田端 1999：8-9）もみられます。

3）ニーズ（needs）の充足としてのケア

佐藤（1998：164-165）は，「ティーチング」（主導的で能動的な活動）と「ケアリング」とを対比して，「『ケアリング』におけるケアする主体とケアされる対象との関係は，ケアする主体の要求に先だってケアされる対象の要求に応えるかかわりとして成立する特徴をもっている」と述べています。この「ケアされる対象の要求に応える」ことを手がかりにして，ニード（need）あるいはニーズ（needs）について考えてみましょう。まずは「生きること」つまり生理的ニーズ，快楽的ニーズが思い浮かびます。生命体の維持や種の保存に必須のもので，基本的ニーズとも呼べるものです。一方，快楽的とはいえないニーズがあることにも気づきます。例えば困難に立ち向かって何かを獲得する，目標に到達しようとする欲求です。田畑（1997：40-43）は，このように，一口にニーズといってもレベルの異なる「欲求」があり，「生きる欲求」と「よりよく生きる欲求」と言い換えてもよいとしています。

田畑（1997：36-39）はまた、「ケアとは相手のニーズに応答する術である、ということは看護者ならずとも、おおかたの認めるところだろう」と述べています。相手のニーズを読み取り、それを査定（アセスメント）することが看護活動として第1段階だということが意識されています。しかし、ニーズを的確に把握することは、必ずしも簡単ではありません。ケアの対象である人が言葉や態度・行動で示しているもの（こと）がそのままニーズになるとは限らないのです。特に、保健・看護・養護など専門の立場からみると、本人の望むことと客観的な必要性は食い違う場合が少なからずあります。

　たとえば、腹痛を訴えて保健室を訪れた子どもが、「家ではいつもこの薬をのんでいるのだけど、保健室にはないの？」とたずねたとします。養護教諭は、「あなたの体が今どんなふうか、一緒に調べてみようね」と言いながら、子どもの状態を観察するとともに、前日からの生活や食事・便通などについて聞き取り、腹部の触診を行います。その結果、便秘による腹痛と思われるので、トイレに行くことを勧めます。子どもは「薬の方がいいんだけどな」と半信半疑ながらもトイレに行き、「排便の後のすっきりした感じ」を味わって、自分の生活習慣を改めてふりかえるかもしれません。養護教諭はこのことをきっかけに、便通をよくする食事や生活習慣について、また薬に頼らないで自然治癒力を生かす指導を計画的に行うでしょう。

4）基本的看護の構成要素としてのニーズ

　看護は人間の基本的ニーズに根ざしています。また人間のデザイアも念頭におかなければなりません。ニーズは人間にとっての行動の基準あるいは指針であり、ヘンダーソン（2001：17-23）はこれを14項目にまとめています（表2-2）。第9までは「生きる欲求」であり、第10以降は「よりよく生きる欲求」にあたるでしょう。

　第14には学習のニーズがあげられています。これを充たすために教育の制度がつくられ、学校には子どもたちが科学と文化を組織的に学ぶことを保障するためにさまざまな専門分野の教師が配置されています。健康に関する学習を進

表2-2 基本的看護の構成要素としてのニーズ

一般にはナース*によって満たされ,また常時ならびに時に存在する条件によって変容する,すべての患者がもっている欲求

基本的看護の構成要素	基本的欲求に影響を及ぼす常在条件	基本的欲求を変容させる病理的状態(特定の疾病とは対照的)
以下のような機能に関して患者を助け,かつ患者がそれらを行えるような状況を用意する 1.正常に呼吸する 2.適切に飲食する 3.あらゆる排泄経路から排泄する 4.身体の位置を動かし,またよい姿勢を保持する(歩く,すわる,寝る,これらのうちあるものを他のものへ換える) 5.睡眠と休息をとる 6.適切な衣類を選び,着脱する 7.衣類の調節と環境の調整により,体温を生理的範囲内に維持する 8.身体を清潔に保ち,身だしなみを整え,皮膚を保護する 9.環境のさまざまな危険因子を避け,また他人を傷害しないようにする 10.自分の感情,欲求,恐怖あるいは"気分"を表現して他者とコミュニケーションをもつ 11.自分の信仰に従って礼拝する 12.達成感をもたらすような仕事をする 13.遊び,あるいはさまざまな種類のレクリエーションに参加する 14."正常"な発達および健康を導くような学習をし,発見をし,あるいは好奇心を満足させる	1.年齢:新生児,小児,青年,成人,中年,老年,臨終 2.気質,情動状態,一過性の気分(中略) 3.社会的ないし文化的状態(中略) 4.身体的ならびに知的能力(詳細は略)	1.飢餓状態,致命的嘔吐,下痢を含む水および電解質の著しい平衡障害 2.急性酸素欠乏状態 3.ショック(中略) 4.意識障害(中略) 5.異常な体温をもたらすような温熱環境にさらされる 6.急性発熱状態(あらゆる原因のもの) 7.局所的外傷,創傷および/あるいは感染 8.伝染性疾患状態 (9〜12略)

＊訳文では「看護婦」　　　　　　　　　　　　　　　(ヘンダーソン 2001:23を一部省略)

める養護教諭もその一員なのです。

5)子ども観

　子ども観とは,子どもをどのようなものとしてみるか,子どもがどうあるべきかの理念や期待を総括的に述べたものといえるでしょう。

　小林(1985:3-16)によれば,中世ヨーロッパでは,子どもの社会的な地位は確立していませんでした。子どもが死んでも墓は作られず,偉人の伝記も子

ども時代のことは特にふれていないといわれています。子どもは社会で認められない存在であるばかりか，場合によっては家族の一員ともみなされなかったようです。この背景には，子どもの死亡率が高く，生まれた子どもが成人になるとは限らなかったことがあるのです。また13世紀の宗教画では，子どもの体形は大人と同じで，頭部が小さく，大人を単に小さくしたものです。

　子どもの体形は頭部が大きく手足が小さいという特徴があるのですが，それは全く表現されていないということになります。こうした絵画からも子どもの地位を知ることができるでしょう。小林（1987：15）は，16世紀に入ってようやく子どもを認める考えが出はじめ，ルネッサンス，宗教改革，産業革命を経て17〜18世紀に次第に子どもの社会的地位ができ上がったと指摘しています。

　林ら（2004：25-26）の資料からわが国の子どものこの1世紀をみると，近代学校制度が確立し，国家の施策に教育が組み込まれた時代，家の中で子どもが重要な働き手であり，丁稚や徒弟の奉公が広く行われていた時代，また戦争が子どもの生存そのものをおびやかした時代を経てきました。今日では，少子社会・情報社会という特徴が顕著になり，子どもをとりまく環境も質的に大きく変わりました。子どもを生み育てることを社会的に支援すべきだという世論が形成され，次世代育成支援対策が自治体を中心に進められています。

6）子どもの権利

　現代の子ども観では，子どもの権利が重視されています。子どもの利益や福祉を尊重する考え方は，日本国憲法，児童福祉法，児童憲章に示されていますが，現代の子どもの見方を論じる際に中核となるものは子どもの権利条約だといえます。

　子どもの権利条約（児童の権利に関する条約）は1989（平成元）年11月に国連総会で採択され，日本は1994（平成6）年4月に批准（158番目）しました。この理念と精神について，増山（2005：5-10）は，①総合的な子どもの人権保障，②市民的自由の権利，③子どもの意見表明権の3つをあげています。特に子どもの意見表明権については，これより早い時期（増山 1997：21-24）に小学

校3年生が書いた次のような詩をとりあげ，乳児が泣き声で自分の感じ方を表現し，周囲の人がそれを受け止めていることを示しています。

　　　　　ゆうとがなきます
　　　　　　　　　　　　　　　　　　　　　　小3・角谷るい（高知）

おとうさんは，
「うるさいぞ，そんなに，なくな，ばかゆうと」といいます。
わたしは，
「ゆうとくんは，まだ赤ちゃんでしょ！ないてもいいですよ」
といいます。
「おとうさんのばか」と思います。
「あぁーん」と言うのは，おねえちゃんといっしょにあそびたい時です。
「いんいん」という時は，ミルクがほしい時です。
「ぎゃんぎゃん」と言うのは，いたいいたい時です。
お父さんは　それがわかりません。
わたしは知っています。　　（日本作文の会編『年刊文詩集93年版』百合出版）

　増山はこの詩をもとに，条約の英文（正文）を解釈する際には「赤ん坊などを含めて，すべての子どもの「感じ方・とらえ方・考え方」（view）に注意深く耳を傾け，細かに目を配っていくことの必要性」に着目すべきだと主張しています。

7）子どもの特性とニーズ

　子どもの特性はまず第1に育つこと，発育発達の途上にあることだといえます。子どもは自ら育つ力をもっていますが，子どもひとりで生きていくことはできません。子どものそばには常に大人がいて，子どもの未熟さを補い，育つのを助けています。子どもの特性である「かわいらしさ」が養育行動を引き出すのだといってもよいでしょう。これは動物の場合にもあてはまることであり，

ローレンツ（1980：186-188）は，**図2-1**のように，鳥や哺乳類の頭部のプロポーションを示して，子どもの「かわいらしさ」（大きくて下方にある目，膨らんだ頬など）を例証しています。

「育つこと」は子どもの基本的なニーズとしても強く意識されなければなりません。子どもは体の大きさも機能も大人とは異なりますから，大人向きに作られた環境（施設・設備など）の中では日常生活に不便や危険を感じることが多々あると思われます。しかしこれも，子ども自身が意思表示することは困難で，大人（子どもをケアする人）が代弁しなければならないことが多いでしょう。こうした子どものニーズを把握する試みの一つとして，**表2-3**のような

図2-1　人間の養育反応を解発する図式（動物および人間）
注：左側は《かわいらしい》と感じられる頭部のプロポーション（幼児，アフリカトビネズミ，チン，ロビン），右側は養育衝動を解発しない近縁のもの（大人，ウサギ，猟犬，コウライウグイス）
（ローレンツ　1980：187）

第2章　養護・看護からみた子どもケア

表2-3　子どもの不便さと特性の関連

回答者：3～9歳の子どもをもつ母親33名，父親12名
調査方法：自由記述回答（不便さや危険の実例）
調査時期：2000年10～11月

	回答	体が小さい	力が弱い	体力がない	体が不器用	手先が不器用	注意力散漫	好奇心	知識・判断
階段	足を滑らせて階段から落ちる	○			○				
	狭くて急で手すりのない階段	○					○		
	2階の階段の踊り場で遊んで落ちそうになる						○		
	階段の降り口	○			○		○		
段差	玄関の土間からの上がり口の高さが高すぎる	○							
	他のことに気を取られて，部屋と部屋のちょっとした段差につまずく						○		
	部屋の段差で転んでしまう						○		
ドア・窓	ドアの取っ手が高いところにあって届きにくい	○							
	丸いドアノブは，握れず，回せず，1人であけられない（ハンドルタイプなら自分でできる）					○			
	玄関のチェーンをかけたりはずしたりできない					○			
	玄関のドアが重い		○						
	サッシの戸が重い，開けられない		○						
	玄関のドアが重く，勢いで閉まった時に指をはさむ		○						
	ドアの蝶番側と壁との隙間に指をはさむ						○		
	ドアを閉めた時，足の指をはさんだ						○		
	引き戸の隙間に手をはさむ	○					○		
	ドアのノブに洋服などがひっかかる				○				
	窓のかぎがあけやすいので危険						○		○
	出窓のところに乗って鍵をあけてしまい落下しそうになった		○				○		○
	窓のところに上ってしまう						○		○
	2階の窓から身を乗り出せるので，転落の危険性がある				○		○		
	中からしかロックできないドアで閉じ込められる（赤ちゃんの頃）								○
風呂場	お風呂の浴槽に入れない（高い深い）	○							
	お風呂の段差	○			○				
	浴槽内で滑っておぼれそうになった				○				
	お風呂の水道の蛇口に頭をぶつけた	○					○		
	風呂の給湯口が熱い								○
	お風呂の湯せんの水道管が，熱くなり火傷しやすい						○		○
	シャワーの温度調節					○			○
	ソーラー給湯とボイラー給湯の切り替え予測がつかない				○				○
	お風呂の温度調節を高い方にしてしまい，熱湯が出る							○	○
	お風呂のサーモ付水栓金具がゆるすぎる		○				○		
洗面台	洗面台が高い（台を置いても蛇口をひねる時には届かない）	○							
	水道の栓が固いと回せない		○			○			
	水を出す時，調節がうまくいかず出しすぎてびしょびしょになる				○		○		
トイレ	トイレの座面が高い	○							
	おしっこがとびやすくパンツがぬれる				○				
	トイレの便座が大きすぎる	○							
	トイレが狭くてよじ登るのに苦労している	○							
	トイレの便座に座る時手をかける場所があると便利	○							
	トイレの手洗いは届かないし，小さなスペースでは洗いにくい	○			○				
	トイレの照明センサーが小さい子には反応しない	○							

（財団法人共用品推進機構 2001：81-82一部改変，省略）

調査結果が共用品推進機構（2001：81-82）から発表されています。この表からは，家庭生活での「子どもの不便さや危険」（父母の回答による）は子どもの特性と密接に関連すること，たとえば，子どもは体が小さいため電灯のスイッチに手が届かない，力が弱いために戸が開けられない，体が不器用であるため段差でつまずく，また好奇心が旺盛であるため道具を勝手に操作して危険な目にあうことなどを読みとることができます。

2　養護教諭と「子どもケア」

1）養護の基本原理

　養護教諭は教諭と共に学校で児童生徒の指導にあたっていますが，専門性は異なります。学校教育法により，養護教諭は児童生徒の「養護をつかさどる」と定められています。

　養護教諭の「養護」は「保育」と共通の語源「養育し保護する」から抽出した「養い護る」から成り立っています。大谷（1999：18-20）は，養護の基本原理について，①生命・人間尊重の原理（あなたは大切な存在），②主体性尊重の原理（あなたの生活の主人公はあなた），③共感・連帯の原理（あなたによって私は育つ）の3つをあげています。いずれも「ケア」の基本的な考え方をとりいれていると思われます。

2）養護教諭の活動

　学校教育の場での養護教諭の活動は，保健管理と保健指導，それらを円滑にすすめるための組織活動（連携）であり，これらを総称して学校健康教育とよぶこともあります。養護教諭の専門性は，学校教育の中で教師の一員として人間形成の教育に携わると共に，子どものニーズを把握し，保健管理と保健指導，学校内外での連携を通じて，ニーズに応えていくことであるといえます。

　人間形成の教育は，教諭も教科と教科外の教育を通じて行っているのですが，養護教諭は「健康」の課題を通じて，子どもに意欲や自信を持たせたり，家族

や友人との関係を改善したり，将来への見通しを考えさせたり，学習や学校生活全般にわたる意欲の向上へつなげていきます。

3）慢性疾患児への支援

筆者ら（2003）が小中高校の養護教諭（回答者274人）を対象に調査したところ，269人が「慢性疾患児が在籍している」と回答しました。疾患は心疾患，アレルギー疾患，腎疾患，血液疾患，痙攣性疾患，代謝性疾患などでした。慢性疾患児への支援においては，家庭，学校内及び学校外（地域）との連携が重要です。養護教諭は学校内では学級担任，教科担任，管理職，保健主事，部活動顧問と，また学校外では，主治医，学校医，保健所・保健センター，教育センター等と連携をとっていました。連携をとる上で配慮していることについて自由記述で回答を求めたところ，**表2-4～表2-6**のような結果でした。家庭，学校内外いずれにおいても，「プライバシーを守る」が最上位にあげられ，家庭と学校内では，「本人のことを考える」が多くあげられました。また，連携をとる上で障害となることについて自由記述で回答を求めたところ，関係者の理解不足や時間がないこと，プライバシーの問題などがあげられました。

表2-4　家庭との連携をとる上で配慮していること（自由記述）

〔記述者数　207〕

1	プライバシーを守る	75
	・必要な範囲のみで情報交換する／・なるべく文書を用いる	
2	保護者，本人の心情を考慮する	35
	・気持ちを受けとめ，不安を和らげる／・心身の負担を軽くする／・本人や保護者が遠慮することがないように配慮する	
3	学級担任，他の職員との関係	25
	・必ず学級担任を通す／・まめに情報交換する	
4	特別扱いをしない，他生徒との関係	25
	・過剰な配慮や制限をしない／・差別意識を感じさせないように配慮する	
5	保護者との関係	13
	・保護者の意向や要望を尊重する／・保護者来校の機会に直接話を聞く／・学校での様子を詳しく伝える	
6	各種行事，体育の授業について	5
	・事前調査を行い，気になることなどを聞いておく／・行事参加の程度や検診の結果をきく	
7	本人にとって最良の支援を行う	4

表2-5　校内の連携をとる上で配慮していること（自由記述）

〔記述者数　185〕

1　プライバシーを守る　76
　　・情報は秘密扱いとし，周知徹底事項と区別する／・必要以外の情報は流さない
2　本人のことを考える　32
　　・心身両面において，本人の状態を最優先する／・学校生活を送る上で，本人にとって最も良い援助を考える／・本人が意欲的になれるように
3　学級担任との関係　29
　　・学級担任の立場を尊重する／・学級担任より前に出ず，補佐的立場を保つ／・保健室で得た情報をこまめに伝える
4　他の教師との協力　26
　　・部活顧問，体育の教科担任への注意事項を文書で配布する／・職員会で秘密事項として全職員に情報を伝え，共通理解を得る／・緊急時の対応は年度当初に全職員に伝える
5　関与する範囲の判断　19
　　・専門的立場から助言する，指導管理の役割分担をする／・宿泊行事等で情報を伝えることがどうしても必要な場合，範囲を考慮する

表2-6　校外と連携をとる上で配慮していること（自由記述）

〔記述者数　135〕

1　プライバシーを守る　36
　　・書類は封筒に入れるなどして他の人には見られないようにする／・越権行為にならないようにする
2　連絡する時間帯や所要時間　16
　　・事前に都合をきく／・要領よく短時間で情報交換ができるようにする
3　保護者を介する　14
　　・校外の機関と直接話をするときは，保護者の了解を得る
4　正しい情報　6
　　・学校の状況を確実に把握する／・記録をきちんとして子どもの情報を正しく伝える
5　校医との関係　6
　　・連絡不足にならないように丁寧に応対する／・直接会って話を聞く

4）寄り添って支える

　保健室には，軽いけがをはじめ発達のつまずき，あるいは深刻な心の問題など種々の訴えをもつ子どもが訪れます。養護教諭は，子どもの訴えに耳を傾け，身体の状態や行動・態度を観察しながら，その子の思いや願いを聴きとります。家庭の状況，学校生活など多くの情報も総合して，ニーズのアセスメントを行い，どのような支援が必要か判断し実行します。この過程で，学級担任をはじ

め教職員との情報共有・共通理解が欠かせません。ある養護教諭は，保健室登校の生徒（幼時から養育環境に恵まれなかった）に中学3年生の後半寄り添った実践から，①本人のあるがままを受け入れる，②本人の内包された「すばらしさ」（可能性）を実感させ，自己肯定感を呼び戻す，③人間が信頼できることを実感させる（基本的信頼関係の獲得に結びつける）の3点を大切にして他の教職員と協力し働きかけたことを報告しています。その結果，この生徒は自分のからだと心の主体性を回復し，学ぶ活動が広がったのです（数見 2005：155-158）。この養護教諭が述べているように，人間が成長し意欲をもって行動できるためには，数多くの愛情が必要であり，愛されているという「安心」が生きる意欲につながっていると思います。養護教諭の「目」と「手」は日々「子どもケア」を実践しているといえるでしょう。

引用文献

林邦雄監修，谷田貝公昭責任編集（2004）『図解　子ども事典』一藝社。
ヘンダーソン，V., 湯槙ます・小玉香津子（訳）（2001）『看護の基本となるもの』改訳版，日本看護協会出版部。
広井良典（2003）『ケア学―越境するケアへ―』医学書院。
堀内久美子（1999）「養護教諭の専門性」，大谷尚子他編著『養護学概論』第3章，東山書房。
堀内久美子ほか（2003）「慢性疾患をもつ児童生徒への支援における学校内外及び家庭との連携」東海学校保健研究，第27巻第1号，69-79，東海学校保健学会。
金井一薫（1998）『ケアの原形論―看護と福祉の接点とその本質―』現代社。
数見隆宣他編（2005）『保健室登校で育つ子どもたち―その発達支援のあり方を探る―』農山漁村文化協会。
小林登他編（1985）『新しい子ども学第1巻　育つ』海鳴社。
小林登（1987）『育児の人間科学』日本評論社。
財団法人共用品推進機構　個人賛助会員の会　東京会議　子ども班（2001）『子どもの不便さ調査』財団法人共用品推進機構。
増山均（1997）『教育と福祉のための子ども観』ミネルヴァ書房。
増山均（2005）「子どもの権利条約と児童福祉・教育・自治体」，竹中哲夫他編著『新・子どもの世界と福祉』第1章，ミネルヴァ書房。
メイヤロフ，M., 田村真他（訳）（2005）『ケアの本質―生きることの意味―』ゆみる出版。
大谷尚子（1999）「養護の概念」，大谷尚子他編著『養護学概論』第1章，東山書房。
ローレンツ，K. Z., 日高敏隆他（訳）（1980）『動物行動学　Ⅱ上』思索社。

佐藤学（1998）『学び　その死と再生』太郎次郎社。
田畑邦治（1997）『新訂ケアの時代を生きる―かかわりと自己実現―』看護の科学社。
田端光美監修（1999）『ケア・福祉のしごとまるごとガイド』ミネルヴァ書房。
外口玉子（1988）『人と場をつなぐケア―こころ病みつつ生きることへ―』医学書院。

読者のための参考図書
堀尾輝久ほか編（1996）『子どもの癒しと学校』〔講座　学校　第4巻〕柏書房。
　　9章編成で，執筆者は1章～3章が心理臨床・精神医学の専門家，4章以後は教師と教育学研究者である。特に第7章「教育における『ケア』を考える」（高橋廉）が参考となる。
大谷尚子・森田光子編著（2000）『養護教諭の行う健康相談活動』東山書房。
　　8名の執筆者はいずれも経験豊富な養護教諭あるいは現職経験のある大学教員であり，健康相談活動の理論的背景，諸問題のとらえ方と実践のすすめ方，研修などについて事例をあげて詳細に述べている。
全国養護教諭サークル協議会書籍編集委員会ほか（2005）『虐待　気づくべきこと，できること―保健室・医師・弁護士・臨床心理士・NPOから―』農山漁村文化協会。
　　養護教諭の実践例を中心に，副題にある各分野で活動する人の分担執筆で，被虐待児とその家族へのケアを報告している。協働・ネットワークの必要性が随所に示されている。

第3章
心身医学の視点からみた子どもケア
──全人的ヒューマンケア──

末松弘行

1 心身医学，心身症とは

1）心身医学とは

　人を身体面だけでなく，心理面，社会面などを含めて，総合的，全人的に診てケアしていこうとする医学です。子どもケアでは，特に，この全人的なケアが必要と思われます。

　すでに，2000年以上も前に，ギリシアの哲学者プラトーが「心の面を忘れてからだの病気を治せるものでなく，医者たちが人間の全体を無視しているために，治すすべを知らない病気が多い」と述べています。

　ことに，ルネッサンスの後に自然科学が発達してきて，19世紀末にコッホが病気の原因として細菌を発見したころからは，すべてを唯物論的に考えるようになりました。そして，精神面を考えることは，むしろ邪道とされたために，心と身体を含めた全体としての人を忘れたゆき方が主流となり，かつてプラトーが警告したような事態になってきていました。そこで，このような傾向への反省として，全人的ケアをする心身医学の必要性が認識されるようになってきたのです。

　心身医学の臨床科を心療内科といいます。1996（平成8）年に「心療内科」を標榜科としてかかげてよいと公認されてから，街中でもよく，この看板がみられるようになりました（ただ，実際のところは，その大半は，精神科が患者さんが来やすくするために，かかげているようです）。

2）心身症とは

　心身医学（心療内科）が主として対象とするものです。その定義を**表3-1**にあげます。つまり，腹痛，頭痛のような身体の症状を主としますが，その原因をよくしらべる診断や，なかなか治りにくいのには，心理的な因子が関与していて，それについての配慮が特に重要な病態です。

　たとえば，不登校の子どもが，月曜日の朝，腹痛を伴った下痢があり，学校に行けませんでした。よく調べてみても，それを説明できるような器質的な病変は腸にはみられません。学校へ行きたくないという心が，自律神経を介して，機能的に腸管を強くけいれんさせていたのです。学校に行かなくてもよくなった午後には，ケロリと良くなっていました。この過敏性腸症候群のように，「心で起こる身体の病」を心身症といいます。

　表3-1の1970年の定義は，わかりやすいのですが，失立・失歩のような，いわゆるヒステリー症状も含まれてしまいます。心身症は，神経症や精神病ではないので，それを区別するために除外項目をつけたのが1991年の定義です。その前半は1970年の定義をより厳密に記述されています。たとえば，心理のみならず社会的因子を加えたり，過敏性腸症候群のような機能的なもののほか，胃潰瘍のような器質的なものもあるとされています。

　この定義には「病気」とは書かないで「病態」と書いてあります。これは，たとえば胃潰瘍は心身症の代表的なものですが，胃潰瘍の人が全部心身症ではありません。遺伝的な体質とか食事の習慣とか，主として身体的な問題で胃潰瘍になる人もいるので，そういう人もみんな心理偏重で解釈するのではなくて，

表3-1　心身症の定義

○心身症とは——心身医学（心療内科）の主なる対象
「身体症状を主とするが，その診断や治療に心理的な因子についての配慮が，特に重要な意味を持つ病態（1970）」
「身体疾患の中で，その発症や経過に心理社会的因子が密接に関与し，器質的ないしは機能的障害が認められる病態をいう。 　　ただし，神経症やうつ病など，他の精神障害に伴う身体症状は除外する。(1991)」

第3章 心身医学の視点からみた子どもケア

はっきりした心理的な問題がある人，そういう病態をもっているケースだけが心身症です。したがって，「胃潰瘍には心身症の人が多い」というような表現をします。

3）心身症がよくみられる疾患

表3-2に，心身症がよくみられる内科系の疾患をあげます。これらは，大人に多い疾患ですが，心身症がどんな疾患かをよくわかっていただくために，まず，よくある大人の疾患で説明します。その後に，子どもの心身症については節を改めて述べます。

まず，循環器系で，血圧は情緒の影響を受けてあがることがよく知られています。図3-1は，はやくも40～50年たちました柏（戸・大）鵬時代のことですが，相撲を見ていて血圧があがるという症例（日野原重明の報告例）です。この人の血圧は，安静時には140mm/Hgくらいです。ところが，テレビでひいきの力士の相撲をみていると，200mm/Hg以上にあがります。このような状態が持続しますと，心身症としての高血圧といいます。

たとえば，ある会社では，係長，課長

表3-2 心身症がよくみられる内科系の疾患

循環器系	高血圧症，心筋梗塞
呼吸器系	気管支喘息，過換気症候群
消化器系	過敏性腸症候群，胃潰瘍
内分泌系	バセドウ病，拒食症・過食症
神経系	筋緊張性頭痛，自律神経失調症

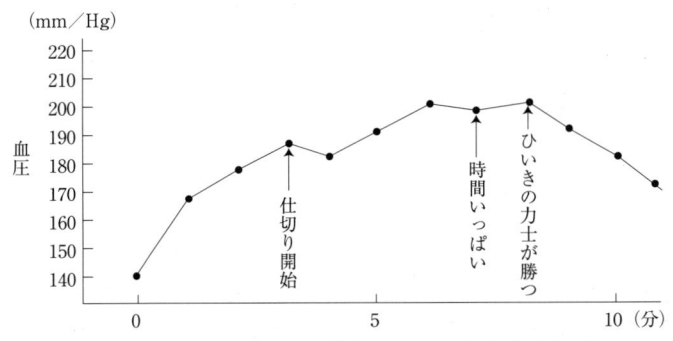

図3-1 ひいきの力士の相撲をみていて血圧があがる症例
（日野原重明の報告例の図を一部改変）

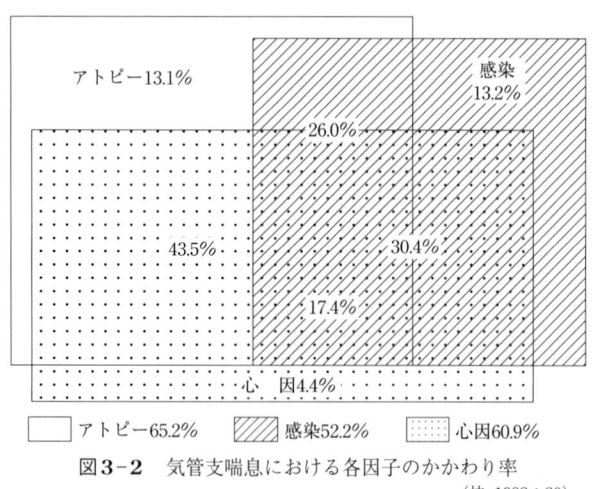

```
         ┌─────────────────────────────┐
         │  アトピー13.1%      感染      │
         │              ┌──────13.2%────┤
         │         ╱╱╱╱╱│╱╱╱╱╱╱╱╱╱╱╱╱╱╱│
         │    ┌────╳╳╳╳╳┤26.0%          │
         │    │::::╳╳╳╳╳│╱╱╱╱╱╱╱╱╱╱╱╱╱╱│
         │    │::::╳╳╳╳╳│╱╱╱╱╱╱╱╱╱╱╱╱╱╱│
         │    │43.5%╳╳╳╳│30.4%╱╱╱╱╱╱╱╱╱│
         │    │::::╳╳╳╳╳│╱╱╱╱╱╱╱╱╱╱╱╱╱╱│
         └────┤::::╳╳╳╳╳└───────────────┘
              │::::17.4%:::::            
              │::心因4.4%::::            
              └──────────────────────────
```

　□ アトピー65.2%　　╱╱ 感染52.2%　　:: 心因60.9%
図3-2　気管支喘息における各因子のかかわり率
(桂 1982：20)

と昇進するためには，ある年齢までに，それぞれの昇進試験に合格しなければなりません。その社員の一人が，何回か試験を受けたのですが不合格で，年齢的に最後の年になりました。彼は必死で勉強しましたが，その緊張のためか，その期間は血圧がずっとあがっていました。ところが幸いに試験に合格しましたら，血圧はすっと下がってしまいました。

　また，ある中年過ぎの男性は，ずっと血圧の高い状態でした。ところが，ある時から血圧が安定してきました。よく聞いてみると，その人の息子が道楽者で心配ばかりしていました。その息子が結婚を契機に落ち着いて，家業を継いでくれるという見当がついてきました。その頃から血圧が落ち着いてきたのです。このように，職場や家庭にストレスがあると血圧が持続的にあがるケースがあり，それを心身症としての高血圧というのです。

　つぎに呼吸器系の気管支喘息も，心理的な問題が関与しています。先に述べたように，すべての病気が心理的な問題だけから起こっているのではありません。気管支喘息には，アレルギー体質（アトピー）という体の因子がありますし，風邪などに感染すると起こりやすいのですが，もう一つに心因があるということです。図3-2のように，17.4%の人はアトピーという体質もあり，感

染の影響もあり，心理的な因子も関与しているという多因子性のものです。純粋にアトピーだけで起こっているのは，13.1％で，このような人は心因は関係がないので，体の治療のみ行えばよいのです。4.4％の人は，主として心理的な原因で起こっています（桂 1982：20）。

　そのようなケースをアメリカのマッケンジーが報告しています。若い女性で，バラの花の花粉でアレルギーを起こして喘息になった人がいました。その人が入院している部屋に，看護師が胸のポケットにバラの花をさして入っていったら，患者は喘息を起こしました。ところが，近づいてみると，それは造花のバラであり，花粉が飛ぶわけではありませんでした。これはどういうことかといいますと，最初はたしかに花粉に感作されてアレルギー反応で喘息が起こっていました。それを繰り返しているうちに，心理的な意味の条件反射ができてきて，バラを見た途端に気管支が収縮してしまうようになっていたのです。そのような心因の一つに，親の過保護などが考えられています。

　心身医学はアメリカで精神分析から起こってきました。ですから，そのような観点からケースをみることもあります。

　ある女性は，3歳のときに気管支喘息を発症し，その後，いったんよくなっていましたのに，20歳で再発しました。この人の場合，はじめの発症のときに弟が生まれていました。弟や妹が生まれると，両親の愛情がうばわれそうになります。こういうときに，トイレット・トレーニングが終わっていたのに，上の子の夜尿症が再発して，両親の注目をとり戻そうとするようなことがあります。このケースも，それに似たような状況があったかもしれません。また，20歳のころには，恋の三角関係になって，フィアンセをライバルにとられそうになっていました。そのころに喘息が再発しました。精神分析では，これを「分離不安」といいます。つまり，自分にとって，大事な人，たとえば，両親とかフィアンセとかの愛情が自分から離れていってしまいそうなときに，不安になり，その反応が体に出てくると考えるのです。これを「心身相関」といいます。つまり，心身症の定義にありましたように，心理・社会的な因子が，体の症状の発症や経過に，時間的に密接に関係がみられるのです。

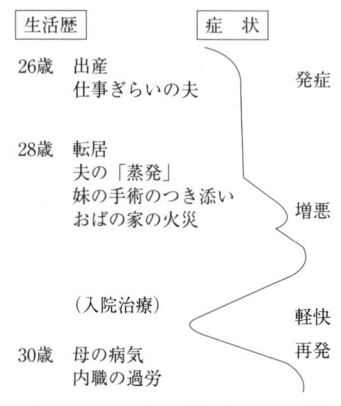

生活歴	症状
26歳　出産 　　　仕事ぎらいの夫	発症
28歳　転居 　　　夫の「蒸発」 　　　妹の手術のつき添い 　　　おばの家の火災	増悪
（入院治療）	軽快
30歳　母の病気 　　　内職の過労	再発

図3-3　バセドウ病患者の心身相関

消化器系は後で述べるので，内分泌系のバセドウ病について記しますと，これにも心身相関がみられる心身症のケースがあります。図3-3のケースは，30歳の女性ですが，おばさんが3人バセドウ病で遺伝的な因子もあります。体の症状としては，発症→増悪→軽快→再発という経過がみられます。それに合わせて，心理的な生活歴をみますと，出産のころに発症しています。そのころの事情をよく聞いてみますと，夫が仕事ぎらいのために，彼女は水商売を手伝って生計をたてていました。すると，夫は嫉妬と猜疑心から，赤ん坊をみに来たとき，「それはおれの子か」と言ったそうです。それが患者には大変なショックであったといいます。その後，夫は蒸発してしまいました。バセドウ病の病因は現在では自己抗体説を中心に研究されています。しかし，ドイツに「びっくりバセドウ」（ドイツ語では，シュレック・バセドウ）という言葉があるように，大きな事件の後に発症したという多くのケースが報告されています。そういう要因が，免疫現象に関係している可能性があるかもしれません。

　つぎに，神経系では，頭痛をとりあげます。頭痛には，片頭痛などもありますが，筋緊張性頭痛というのは，頭のあたりの筋肉が緊張のため収縮して頭痛が起こります。そこで，リラックスする練習をすると，どういうときに緊張するかという心身相関がよくわかって治ってきます。

　以上，内科系の疾患について述べてきましたが，心身症は内科だけでなくて，表3-3のように，小児科，皮膚科，泌尿器科，産婦人科，耳鼻咽喉科，眼科，外科，整形外科，歯科・口腔外科にもみられます。

4）ライフ・サイクルからみた心身症

　こんどは，視点を変えてライフ・サイクルからみてみます。ライフ・サイク

第3章 心身医学の視点からみた子どもケア

表3-3 臨床各科で心身症がよくみられる病気

小　児　科	：愛情遮断性低身長症，不登校
皮　膚　科	：円形脱毛症，じんま疹
泌尿器科	：神経性頻尿，インポテンツ
産婦人科	：更年期障害，月経障害
耳鼻咽喉科	：咽喉頭部異常感症，メニエール症候群
眼　　　科	：眼精疲労，緑内障
外　　　科	：頻回手術，腹部手術後遺症
整形外科	：腰痛，頸腕症候群
歯科・口腔外科	：口臭症，義歯不適応症

表3-4 ライフサイクルと臨床各科の心身症

乳児期・幼児期	：ミルク嫌い，愛情遮断性低身長症
学　童　期	：起立性調節障害，過敏性腸症候群(不登校)
思春期・青年期	：過換気症候群，拒食症・過食症
成人期(中年期)	：糖尿病（生活習慣病），心筋梗塞
更　年　期	：更年期障害，肥満症
老　年　期	：頻尿，義歯不適応症
死　の　臨　床	：ターミナル・ケア

ルというのは「ゆりかごから墓場まで」ということです。

　表3-4のように，乳児期・幼児期，学童期，思春期・青年期，成人期（中年期），更年期，老年期，死の臨床のいずれの時期にも，心身症がみられます。

　これから，節を改めて，子どもの心身症について詳述いたします。乳児期・幼児期と学童期を中心に，さらに18歳までの思春期（青年期）についても述べます。

2　乳児期・幼児期の心身症

1）愛情遮断性低身長症

　成長ホルモンは下垂体から分泌されています。下垂体に腫瘍ができたりして，成長ホルモンの分泌が悪くなると，育ちがわるくなり身長が伸びなくなります。ところが，下垂体に腫瘍などの病気がなくても，母親が子どもを嫌いだったり，家庭環境が乱れていて愛情が十分でない状態で育つと，成長ホルモンの分泌が

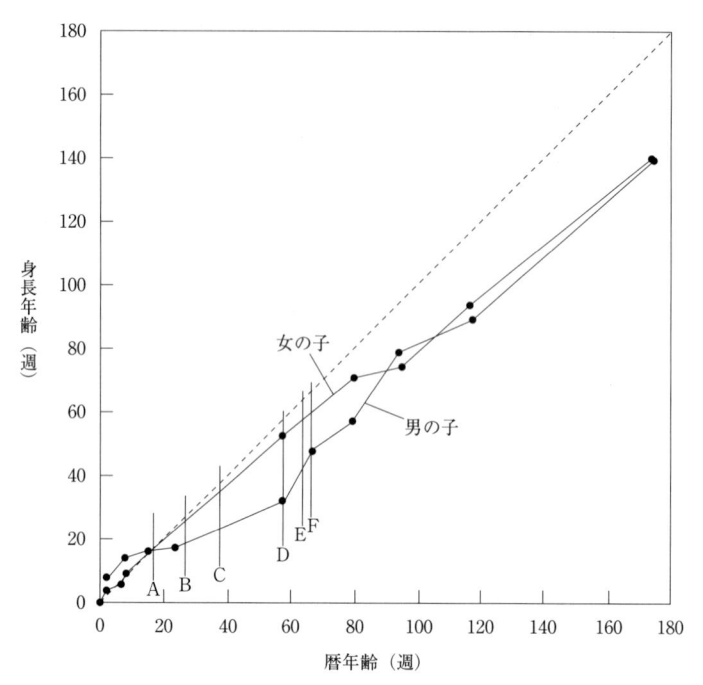

図3-4 愛情遮断性低身長症の身長曲線（双生児の対照との比較）
(ガードナー 1972：88)

悪くなり，身長が伸びません。これを愛情遮断性低身長症といいます。インシュリンを注射しますと，成長ホルモンの分泌反応があるのですが，この状態では，その反応が悪くなっています。しかし，これは可逆的で，状況がよくなれば，成長ホルモンはまた分泌しはじめて，背が伸びてきます。

　アメリカのガードナー（1972：88）が報告した症例を紹介します。ある双生児の例でありますが，双生児であるから，身長が同じくらいであるはずなのに，男の子の方が小さくて，女の子の方が大きいのです。この2人の子どもの両親は仲が悪くて，そのうちに，父親が蒸発してしまいました。すると母親は，「男ってやつはけしからん」というわけで，男の子の方をいじめたとのことです。そういう状況で，男の子が愛情遮断性低身長症になっていたのです。

　図3-4に示すグラフは，この双生児の成長曲線を描いたものです。女の子

は非常に順調に伸びています。男の子の方は，図のB点あたりから成長が悪くなっている曲線ですが，このあたりから両親の仲が悪くなり，C点で父親が蒸発しています。しばらく悪い状態が続きますが，E点あたりから持ち直してきています。このE点の解説をみますと「父帰る」と書いてあります。ここで両親が仲なおりして，男の子も可愛がられるようになって，成長ホルモンが分泌されるようになり，成長曲線が女の子に追いつき，その後は同様に伸びています。

　ドイツで，第二次世界大戦の後，2つの孤児院にいた子ども達の成長をみた報告があります。愛情に欠けた保育士のいる孤児院の子どもに愛情遮断性低身長症がみられ，その子達が，別の愛情いっぱいの保育士のいる孤児院に移ったら，成長が回復したというのです。私どもも，ずっと以前のことですが，孤児院でそのような症例をみたことがあります。アメリカでは，愛情遮断性低身長症の子どもが入院すると，ベッド横に「可愛がってあげましょう」というマークがつき，脇を通りかかったナースは，足を止めて，この子を抱き上げるということです。こうして環境が変わると，また身長が伸びはじめるのです。

　昔，プロシアのある大王は語学の天才で，ドイツ語，イタリア語，英語など，ヨーロッパのすべての言葉がしゃべれたそうです。その大王が，これらの言葉のオリジンはヘブライ語ではないかという仮説を立てました。そして，その仮説を証明するために，ある地方におふれを出して「生まれて来る子ども達に言葉を教えてはならない」と命令しました。そうすると，その子ども達は成長するにつれて自然にヘブライ語をしゃべり出し，大王の仮説が証明されると期待していたのです。

　結果はどうなったでしょう。実は，この地方の子ども達は，すべて亡くなってしまって，大王の計画は失敗に終わりました。というのは，その当時は衛生状態が悪く，医学も発達していなくて，乳幼児死亡率が高かった上に，「言葉を教えてはならない」というのは「話しかけてはならない」ということで，愛情をかけられず，愛情遮断のために育ちがさらに悪くなったのでしょう。

2）脱毛症

8歳の女の子に自画像を画いてもらったら，図3-5のように髪の毛が肩まで長く，ふさふさしていて，編んだり，リボンをつけたりしていました。まつ毛も長く，髪を強調した絵でした。ところが実際は，この女の子は髪の毛が1本もないのです。円形脱毛症から全頭脱毛症になって，眉毛やまつ毛まで全部なくなるというひどい状態になってしまいました。だから願望として，髪ふさふさの絵を画いたのでしょう。

図3-5 脱毛症女児の自画像

この子の両親は共働きで，1歳のときから保育所にあずけられていましたが，保育所につれて行った際に，お母さんの後追いがひどい子でした。そのうちに，お母さんが入院してしばらくいなくなりました。その上，引っ越しして，やっとできた友達もいなくなってしまいました。このような分離不安の状況で，5歳のときに円形脱毛が起こってきて，それが全体に広がったのです。はじめは，皮膚科に通い，すこしよくなりました。ところが，小学校に入学すると，小学校生活がストレスになったのか，また全頭脱毛になりました。

そこで，皮膚科から心療内科に紹介されて来て，共同治療が始まりました。心療内科では，遊戯療法から入って，この子とコミュニケーションをつけながら，家族療法として，家族の協力を求めました。聞いてみますと，お母さんはこの子があまり好きではないようで，あまりお風呂に一緒に入ったことがないといわれます。どうもスキンシップに欠けているようでした。お母さんは教師で忙しいとのことでしたが，夏休みにたっぷり一緒にお風呂に入っていただきました。そして，なるべく「お母さんと一緒」の生活をしてくれるように頼みました。すると，この子は母親に甘えるようになり，それまではおそらくお母さん代理（移行対象）であったろうと思われるぬいぐるみを後生大事にもっていたのですが，それがいらなくなりました。それと同時に，髪の毛が生えて

きました。スキンシップ欠乏という面からは，先の愛情遮断性低身長症と似たところがあります。

3　学童期の心身症

1) 起立性調節障害

現代社会では，子どももさまざまのストレスにさらされています。ストレスを受けると自律神経の調節が乱れて，体にいろいろな症状が現れることがあります。子どもはストレスの影響を受けやすいのです（榊原 2006：86）。

学童期の子どもで朝礼のときに，気分が悪くなって倒れたりする子がいます。長時間立っていたり，急に起立したりすると，体内を流れている血液が，足の方にさがります。そうなると脳の血液が少なくなってしまいます。そこで，自律神経が働いて，下半身の血管を収縮させて，血液を脳の方まで押し上げようと調節します。ところが，子どもは自律神経の発達が不十分です。ことに自律神経が不安定で，過敏な子がいます。そのような子どもでは，脳貧血になり，「めまい」や「立ちくらみ」が起こりやすいのです。

これを起立性調節障害といいます。これには，その他に頭痛，腹痛，朝起き不良などの全身的な自律神経失調症状を伴うことが多いものです。身体的な要素が大きいケースもありますが，多くは心理的な要因が関与しています。

ですから，治療は薬物もありますが，生活指導や心理的な支持などが有効です。つまり規則正しい生活のリズムをつくるように，あるいは睡眠を十分とるようにすすめます。また，子どもの話をよく聞いてあげて，ストレスの緩和をはかることも大切です。

2) 過敏性腸症候群（不登校）

近頃，小学生や中学生で学校に行かない不登校の人が大勢います。その数は2002年度で13万人に達しています。教室には入れないが保健室には行けるという保健室登校もよくみられます。また，不登校にいたる前に，保健室によく来

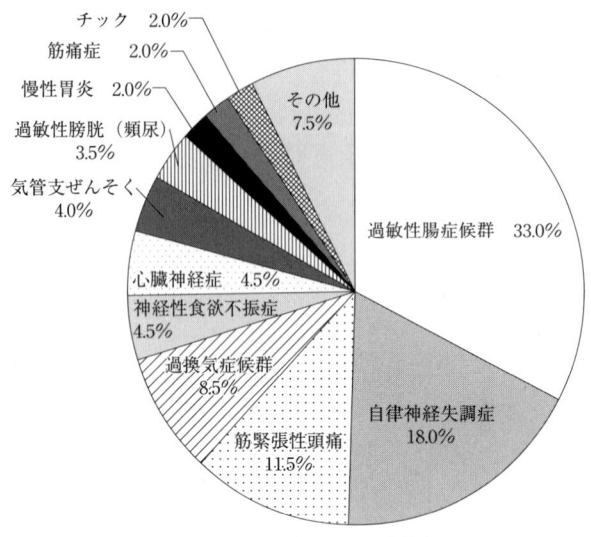

図3-6 不登校における心身症
注：200名を対象，森崇による。

- チック 2.0%
- 筋痛症 2.0%
- 慢性胃炎 2.0%
- 過敏性膀胱（頻尿） 3.5%
- 気管支ぜんそく 4.0%
- 心臓神経症 4.5%
- 神経性食欲不振症 4.5%
- 過換気症候群 8.5%
- 筋緊張性頭痛 11.5%
- その他 7.5%
- 過敏性腸症候群 33.0%
- 自律神経失調症 18.0%

るようになる生徒もいます。ですから，養護教諭はこれらの生徒と出会うことが多いのです。彼らは大抵体の症状を訴えて，それが欠席届の理由となっています。それらはほとんど心身症です。すでに20～30年前の報告ですが，森崇によると，200名を対象としてみたところ，その病名と割合は図3-6のとおりです。このうち，一番多くて全体の3分の1を占めるのが，過敏性腸症候群です。

過敏性腸症候群については，心身症の説明のときに，少し述べました。腸は「心の鏡」といわれるほど，心理状態を反映しやすい器官です。そのため，精神的なストレスが原因となって，下痢・便秘などの症状を起こすことがあります。ストレスの影響で，腸の一部がけいれんを起こし，けいれんによって腸の内容物がしぼり出されるために，下痢をしたり，けいれんした場所の上部に内容物がたまって便秘したりするのです。患者さんの腸を調べてみても，がんや潰瘍のような器質的な病変はありません。ところが，ストレスが加わると，腸管の動きが乱れて症状を起こすのです。働きの上での病気，機能性の病気ともいえます。つまり，朝，腹痛を伴った下痢があり，学校へ行けないといってい

るときに，X線で腸をみますと，激しく動いているのがみえます。けっして仮病ではないのです。しかし，学校に行かなくてもよくなった午後に，もう一度，X線で腸をみますと，動きもおだやかで，どこにも何の異常もみられないのです。

　過敏性腸症候群の主な症状は，便通異常で，下痢，便秘あるいは下痢・便秘を交互に繰り返したりする症状のほかに，さまざまの症状を伴うことがあります。腹痛は，トイレに行きたくなるときに強く，多くは排便後は軽快します。ガスがたまって，おなかが鳴ったり（腹鳴），あるいはガスが出るといった症状が気になって，静かな教室におれない子もいます。腸のけいれんが起こるのは，自律神経の乱れが原因なので，腸以外の全身的な自律神経症状，たとえば，頭痛，動悸，手足の冷えなどを伴ったり，中には，不眠，イライラ，ゆううつなどの精神症状を訴えることがあります。通学の途中で症状が起こると，すぐに下車して駅のトイレに駆け込めるようにと，いつも各駅停車に乗っている人すらいます。トイレのない急行や特急は長時間駅に止まらないため，こわくて乗れないというのです。もっとひどくなると，電車やバスに乗るのがこわい（乗車恐怖）ために，学校へ行けなくなるのです。

　症状を誘発したり悪化させる原因としては，このような心理的原因のほかに，自律神経が過敏な体質，不規則な食事や排便習慣，過労などの身体的原因も関係しています。また，いじめなど環境の原因もあります。いじめを受けるので，学校へ行きたくないという気持ちが強くなると，それが腸を動かし，その腹痛，下痢のために学校へ行けないといった，どうどうめぐりになっていることもあります。

　過敏性腸症候群はわりに多い病気で，ほとんどの人が一生のうち一度は体験するともいわれています。河野友信の著書に引用されている中野重行（1980：109）らが子ども3万人くらいを対象に行ったアンケート調査によると，図3-7のように，中学生から高校生にかけて男の子では下痢しやすい人が多くなって，約3～4割の子どもが1日2～3回軟便が出るような下痢があります。ところが，女の子はこの年ごろから，4～5割くらいの子がむしろ便秘しやすく

なっています。これは自律神経の調節機能の発達が成長に追いつけないこともあるし，もう一つは受験戦争のストレスがこの頃に影響しやすくなるのも一因でしょう。ただ，この状況で，たとえば朝2回下痢したという同じ症状があっても，その子の受け止め方がテーマになります。「朝2回トイレに行ったけど」と言いながら，普通に学校へ行って，よく学びよく遊ぶ子がいるかと思うと，一方では，朝2回トイレに行ったことを学校を休む理由にしたり，いじめなどがあると，その症状に逃げこんでしまう子もいるのです。つまり，症状をどう受けとめ，どう対処するか，本人の病気に対する考え方が大きくかかわっ

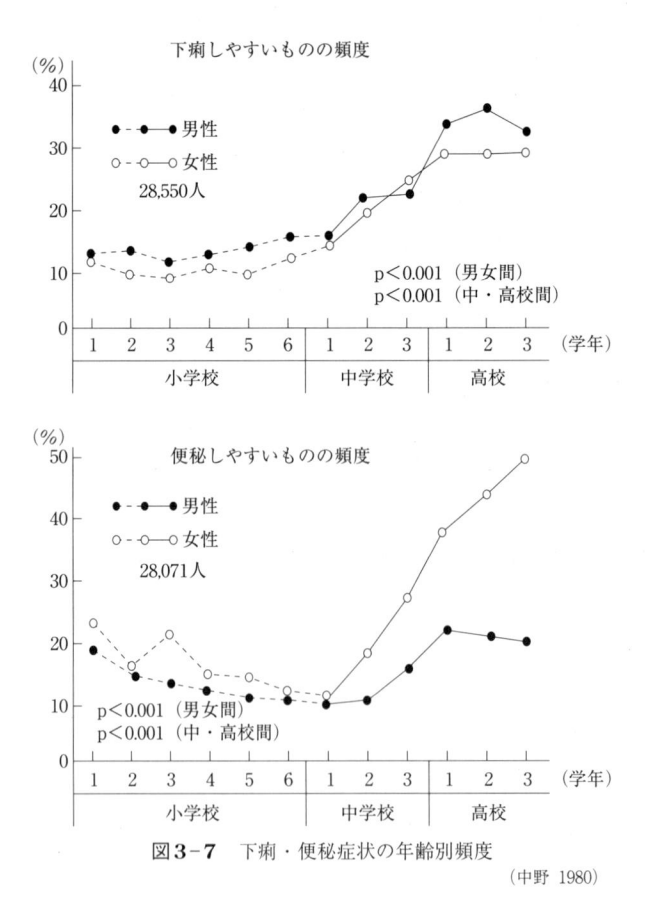

図3-7　下痢・便秘症状の年齢別頻度

(中野　1980)

第3章　心身医学の視点からみた子どもケア

てくるのです。

　したがって，治療法は身体症状に対する処置はもちろんですが，病気の受けとめ方を修正したり，病気を長引かせている心身両面の問題点を解決することになります。まず，日常生活のなかで，心身の過労を避け，適度な運動や睡眠をとり，規則正しい排便習慣を身につけることが基本です。刺激性の強い食べものは避けた方がよいのですが，あまり神経質になって「おもゆと白身の魚少々」などというのは栄養不足で，かえってよくありません。腸の過敏性をなだめる薬や，不安や緊張をやわらげる精神安定剤もある程度効果があります。精神的な治療法としては，症状の過剰な受けとめ方や，症状への不安をやわらげる方法をつかいます。「自律訓練法」では訓練によって心身が調整され，症状が軽くなります。

　しかし，ストレスの多い現代では，このような病気の症状は一般に消長があり，よくなったりぶりかえしたり波があるものです。完全に治ったら学校へ行くなどといっていると，いつまでたってもらちがあきません。ある程度症状があっても，やるべきことをするようにしていると，普通の日常生活は支障なくできるようになります。これを社会的治癒といいます。そしてこの状態になると，身体の症状もいつの間にかよくなったというケースが多いのです。

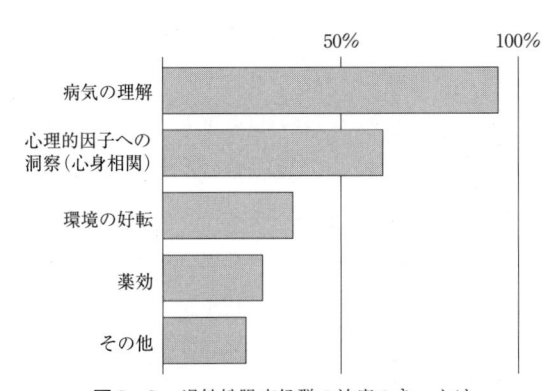

図3-8　過敏性腸症候群の治癒のきっかけ
出所：『過敏性大腸症候群の臨床―心身医学的な診療の実際―』
　　　九州大学医学部心療内科　中川哲也，河野友信より。

過敏性腸症候群を克服した人に,「何が治癒のきっかけになったか」について答えてもらったところ, **図3-8**のように, 病気を理解することがいちばん大切だということがわかりました. つまり, 腸には器質的な異常はなく, ストレスが原因で, 一時的に腸の動きが強くなっていて, やがてすっかりよくなるという病気の本質がわかると, 必要以上の心配をしなくなり, それが治癒のきっかけになるのです. また, 自分にとって何がストレスになっているかを知ること（心理的因子への洞察）, さらにそのストレスの少ない環境に移ること（環境の好転, 社会的悪条件の緩和）, 心身両方向への薬効など, 身体的, 心理的, 社会的すなわち全人的な対応が治癒をもたらすのです.

4　思春期の心身症

1）過換気症候群

発作時にハアハア息をして, 胸のしめつけられる感じや動悸を訴え, ついには手足がしびれて強直する病気です. 患者さんは今にも死にそうに思うし, まわりの人も重篤そうにみえるので, 救急車を呼び, 病院に運ばれることがあります. しかし, この病気では死ぬようなことはなく, たいてい30分ないし数時間以内にケロリとなおってしまうものです.

この病気では, 生理学的な心身相関のからくりがはっきりしています. 神経質な人では, しめきった部屋にいたり, 満員のバスに乗ったとき, あるいは, なにか心配ごとがあるときなどに, 息が思うように吸いこめないような空気飢餓を覚えることがあるものです. そして, 空気を吸いこもうとして, 必要以上に呼吸が速くなりますと, 過換気状態になって, 炭酸ガスがどんどん呼出されるために, 血中の炭酸が減り, 体がアルカリ性（アルカロージス）になります. このアルカロージスが, いろいろな体の症状を起こすもとになります. 神経や筋肉が過敏になって, しびれたり, 強直したり, 胸痛や心悸亢進などの心臓の症状も起こってきます. このような血液のガスの変化に過敏に反応しやすい体質とか, 自律神経不安定などの身体的要因もありますが, もともと神経質な人

が，心身の疲労や，対人関係のもつれがあったり，緊張，興奮したときなどに，このような情動をきっかけとして起こることが多いのです。

アメリカの精神医学会の診断基準（DSM-Ⅳ）では，不安をベースにして，このような自律神経症状が発作的に起こるものをパニック障害というようになりました。しかし，不安以外の機制でも起こりますし，特に過換気をベースに起こるものは，心療内科領域で昔から診断されていたとおりに過換気症候群ということにします。

これは，思春期に起こりやすく，女子で男子の約2倍くらい多くみられます。たとえば，バスケット部に所属しているある女子高生の症例では，初めは，風邪で熱があるのに，おして激しい練習をしていたときに，過呼吸がひどくて，主としてこのような身体的な原因で発症しました。そのとき，あこがれていた先輩男子のコーチに介抱してもらったところ，その後，そのコーチが来るときによく発作を起こすようになりました。この症例では，ヒステリー機制があるかもしれません。また，性的な要素が関係しているという説もあります。

ときには，学校の教室で生徒のうちの1人が発作を起こすと，次々に数人が連鎖的に発作を起こすことがあります。これは暗示が働いたものと考えられます。興奮時に起こる例としては，人気歌手のライブを見に行っていて，集団で発作を起こし，新聞に報道されたことがありました。この際，「酸欠」と書かれていましたが，それは間違いで「炭酸ガス欠」が正しいのです。

治療としては，心理的要因がきっかけになったとしても，結局は炭酸ガスが体からどんどん呼出されることが病因ですから，発作で過換気状態のときには，「まずいっぺん息を止めてごらん」といったり，「楽にして，いっぱい息をずーっと吐いてみようか」と声をかけてみます。あるいは，ちょっとした質問をして，しゃべらせると過呼吸が一時おさえられます。このような試みがうまくいかないときには，紙袋再呼吸法（paper bag rebreathing）といって，口と鼻のところに紙袋をかぶせます。そうすると，自分が呼出した炭酸ガスをそのまま吸うので，元に戻るわけです。単なる心配状態から起こっている良性の症状ではこれだけでよくなります。しかし，発作の背後に，親子関係とか対人関係

とか学校に大きな問題があって、それが処理されていなかったり、転換ヒステリー的な要因が加わっていたり、神経症傾向が強い症例では、さらにすすんだ心理療法が必要です。

　先に述べた、不登校の人が訴える心身症の図では過換気症候群が第4位になっていました（図3-6参照）。この症状があるから何かをしなくてもよいということになると、疾病利得という機制が働いて、症状が定着します。もしも、そういう状態になっているなら、それに対する対応が必要になります。子どもでは、その子が過換気発作で得る疾病利得は何かを発見するのが、治療を有効にするポイントになることがあります。その場合も、ただ、とっちめるのではなく、岡田由香（2004：99）のいうように、患者と家族に、まず病気の苦痛に共感的に対し、サポートしていく中で、理解をすすめて行きます。そして、その奥にある、子どもの本当の願いを実現していくように、家族や学校にも協力してもらいながら、対応をするのです。

2）拒食症，過食症

　精神的な原因で食欲に異常をきたす主なものには、拒食症（神経性食欲不振症）と過食症（神経性過食症）があります。拒食症の診断基準は**表3-5**のとおりです。その典型例は、若い女性で、やせ願望からほとんど食べなくて、著しくやせて月経がなくなります。一方、過食症は、短期間のうちに大量の食物をむちゃ食いするものです。まれには過食のみの症例がありますが、多くは、拒食症の患者がダイエットをがまんできなくなり過食に転じたものです。過食しても、やせ願望があるので、指を口に突っ込んで吐き出したり、大量の下剤を乱用して出してしまうため、あまり太りません。拒食と過食を繰り返す症例もあります。このように、拒食症と過食症は根っこは同じですから、両者をま

表3-5　神経性食欲不振症の診断基準（1990）

1. 標準体重の−20％以上のやせ
2. 食行動の異常（不食，大食，隠れ食い，など）
3. 体重や体型について歪んだ認識
   （体重増加に対する極端な恐怖など）
4. 発症年齢：30歳以下
5. （女性ならば）無月経
6. やせの原因と考えられる器質性疾患がない

（厚生省特定疾患・神経性食欲不振症調査研究班）

とめて摂食障害といいます。日本では1960年代の半ばまでは，過食症はほとんどいなかったのですが，現在では過食症の方が多い状況になっています。

　これまでは，10代の後半から20代の前半に多かったのですが，若年化が進み，小学生の症例もみられるようになりました。ドイツでは「思春期やせ症」といいます。生野照子（2006：141）らの調査によると，「体重が気になる」と答えたものは，中高生以上では女子78％，男子48％でしたが，小学生でも女子73％，男子40％もいました。さらに小学生で「やせたい」は女子59％，男子25％，「体重が増えると自分が嫌になる」と答えたのは女子58％，男子25％に上ったといいます。つまり「太っていてはダメな私」という気持ちがあるようです。その原因は一つには，テレビでもアイドルはみんなやせていて，太っているタレントは笑いの対象とされていて，社会全体にやせ礼賛の風潮があるからでしょう。これは是正しなければなりません。スペインのマドリードでは，やせ過ぎのモデルはファッションショーへの出演を禁止したそうです。しかし，わが国では，そのようなはからいはなされていません。

　拒食症の原因を全人的に検討すると，ほかにもいろいろあります。家庭環境，ことに母子関係についてみてみましょう。思春期には母親に甘え依存しながら，反面では反抗心を抱く「依存と独立の葛藤」があります。食べないと母親が心配してかまってくれて甘え心が満たされるし，一方食べるように強要されると「放っておいてほしい」と反発して拒食するのです。また，きょうだい葛藤があって，母親が弟と自分のどちらを大事に思っているのかを確かめる手段として，食べなくしてみるといった場合もあります。あるいは，「お母さんみたいになりたくない」という気持ちから，女性として成熟したくない，女性性拒否説もあります。女性は成熟してゆくにつれ，結婚，妊娠，出産，育児など大変な出来事がひかえています。その過程へのおそれ，あるいはとまどいの気持ちから，大人になりたくない，子どものままでいたいと拒食するというのです。ですから月経が止まると，よかったとして，世に出て行かなくてもよいというモラトリアムの状態を望んでいるともいわれます。一人前の女性として，世に出て行こうという気持ちができると，この山が越えられるのです。もっとも，

このような気持ちはあるのだが、何らかの体験のため、封印されているだけとの考え方もあります。筆者の診た患者で、この封印がとれて、女性性を獲得して、数年後「赤ちゃんが産まれました」というハガキをくれた人がいます。過食症は拒食症より、少し年齢が上になります。『過食と女性の心理』という本で、ホワイト、M.B.ら (1987) は、女性が世に出て行くとき、さまざまな困難があり、そのストレス解消のために過食が起こると、社会心理学からみた原因を述べています。

　ここで、拒食症になりやすい人の個人的な性格をみてみましょう。女性は多くの人がダイエットを試みます。しかし、大抵は好物の甘い物があると、つい手が出るのが普通です。ところが、強迫傾向の人は完璧にダイエットします。このような性格の人が深みに陥りやすいのです。また、自分のことを他の人がどう思うかを必要以上に気にする性格があると、たとえば、ボーイ・フレンドに「太ったね」といわれると、次に会うまでには絶対何kgやせると考えたりします。これは、このままの自分に自信がないともいえます。摂食障害の患者には、「自分の体が嫌い」、「自分が嫌い」といった自己評価の低い人が多いのです。人を評価するには、「太る・やせる」より、もっと大事なことがあるはずです。

　さらに、身体的、生物学的な原因として、脳の関与を考えてみましょう。脳の視床下部には食欲中枢があり、これには空腹中枢と満腹中枢があります。ネコでの実験で、空腹中枢を壊されると空腹がわからなくなって、全く食べなくなります。一方、満腹中枢を壊されると、満腹がわからなくなって、とめどなく食べるようになります。人でも、もしも空腹中枢に脳腫瘍ができると全く食べなくなるのですが、そのようなケースはきわめて稀です。この本能的な食欲中枢を大脳の前頭葉がコントロールしています。つまり、大脳で考えて食べたり食べなかったりするのです。たとえば、「武士は食わねど高楊枝」というように、お腹がすいていても、食べるべきでない授業中などには平然として食べません。逆に、友人に招待されたときには、まずくて食べたくなくても、友人に悪いからと無理して食べるのです。すなわち、本能的に食欲中枢が「お腹が

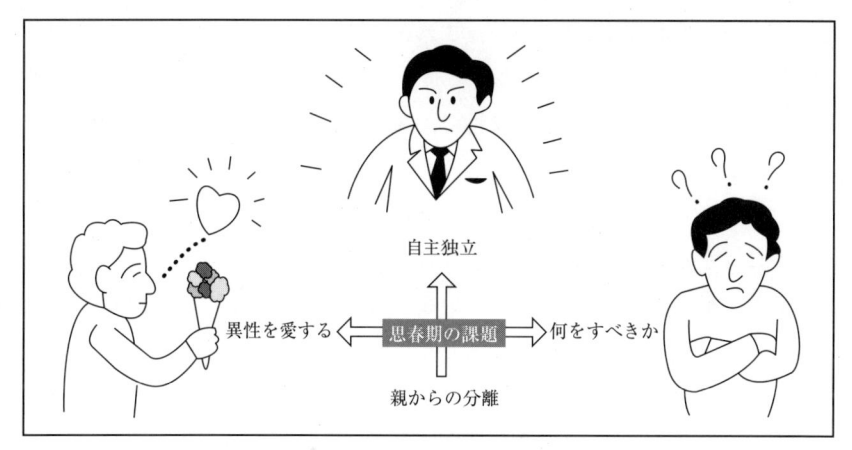

図3-9 思春期の課題

すいている」とシグナルを送っても，前頭葉が「やせたいから」と考えて食べないのが拒食症なのです。このような状態が続くと，食欲中枢と前頭葉の連携が乱れて，「お腹がすいているのか，満腹なのか」わからなくなったりします。これが，摂食障害の一因になっている可能性があります。その他にも，精神分析や行動論では，いろいろな考え方があります。また，『ストップ・ザ・過食』にはヴァンダーリンデン，J. ら（1989）が過食の原因について，いろいろなモデルをあげて述べています。

　ヒューマンケア，すなわち，人をケアするためには，まず，その人とその人の状況をよく理解する必要があります。そのために，その人を身体的，心理的，社会的といったふうに全人的に考えるのです。摂食障害の原因は，前述のように，いろいろ考えられますが，人によって，そのうちの一つが大きな要因になっていることもあれば，さまざまの因子が重なって，全人的ケアが必要な場合も多いのです。

　最後に，筆者が診た思春期の課題を解決して摂食障害がよくなったケースを紹介しましょう。思春期の課題としては，図3-9のように（これでは男性の絵になっていますが，女性でも同じです），① 親から分離して，自主独立すること，② 何をなすべきか。つまり，自分に合った進路を決め，それをしてい

ると安定できるようになることで，これをアイデンティティの確立といいます，③ 異性を愛することができるようになること，つまり，女性なら女性性を獲得することです。患者は18歳の女性で，高校を卒業してすぐに銀行に就職しました。ところが，お客さんに笑顔をみせる研修ばかりで，もともと気がすすまなかった就職でしたので，かえって気分が落ちこみました。そのうちに，ダイエットにはまるようになり，やがて過食に転化してしまいました。そんな状況で受診して来ました。自分に合っていない銀行はやめるとして，今後，何をするのかについて，面接で話し合いました。同時に絵画療法で指に絵の具をつけて，指で画くフィンガー・ペインティングをはじめました。そのうちに，生花の絵が多くなりました。祖母が生花の先生で，患者も小さい時から生花が好きだったそうです。そして，将来，生花の先生になりたいと思うようになり，遠い京都の学校に入学することにしました。患者は九州の人で，一人で遠くに行く淋しさを，フィンガー・ペインティングでは「夜空の白鳥座」として表現しました。しかし，これまで彼女を溺愛し，彼女がコンニャク・ダイエットしていると，自分もコンニャクしか食べなかった父親から物理的に離れること，すなわち，第1の課題の自主独立への道がひらけてきました。そして，生花の学校での授業が楽しく，これこそ天職だと思えるようになってきました。つまり，第2の課題のアイデンティティがみえてきたのです。その頃，大きな煙空のある舟の正面の絵を画きました。これは「出立」を意味するのかと思いました。ところが，絵画療法の専門家は，これは男性のシンボルだというのです。そこで，きいてみますと，ボーイ・フレンドができたとのことでした。そして，しばらく後にその人と結婚することになります。すなわち，第3の課題の女性性の成熟がなされていったのです。最後に四方八方に拡がる絵を画きました。このように思春期の課題が解決してくると，摂食障害の症状は，そのための治療をしなくても，おのずとなくなってしまうのです。

　過食症では体重は保たれていますが，拒食症では著減して20kg台になることすらあります。こうなると栄養失調による死の危険がありますので，まず，体力をつけるための身体的な治療が必須です。そのために，高カロリー輸液と

か，鼻から管をいれて鼻腔栄養をします。また，食べたり体重が増えるとごほうびがもらえる報酬学習を応用した行動療法も行われます。こうして，体力がある程度回復したところで，心理療法が行われます。原因論のところで述べたように，家族療法も重要です。ミニューチン，S. は家族療法は摂食障害の86％に有効であったと報告しています。いろいろな専門家によるチーム医療が望ましいと思われます。つまり，全人的ケアが必要なのです。

5　ターミナルケア

　ターミナルケアとは，終末期すなわち死にゆく患者のケアです。これまで，全人的ケアについて述べてきましたが，その究極として，これをとり上げます。
　一番身近でケアするのは，看護師ですが，死にゆく患者は，交替制で次々に来る看護師を見分けることができるといいます。良い看護師とは「ここにいてくれる」人だといいます。物理的に患者のところに来ていても，心は過去のことにこだわっていたり，今夜の予定とか，これからのことを考えていては，うわの空になって，本当のケアはできません。今ここにいて，ケアしなければなりません。

1）死にゆく患者の必要（ニード）
　死にゆく患者さんには，多くの必要（ニード）があります。それらは以下の通りです。
① 　身体的必要
　・基本的な身体のケア
　・痛みの緩和
② 　心理的必要
　・過去の状況の理解
　・死にゆく過程にそった理解
③ 　社会的必要

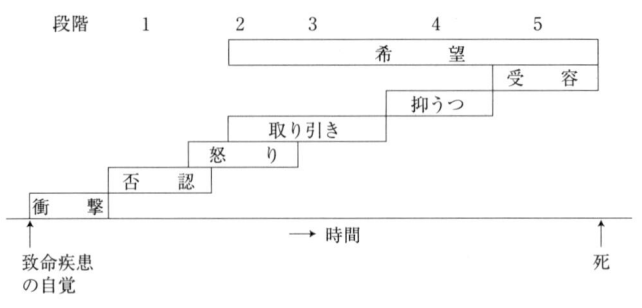

```
段階     1    2    3    4    5
                    希　　望
                          受　容
                      抑うつ
                 取り引き
             怒　り
          否　認
       衝　撃
     ↑                              ↑
     ├────────→ 時間 ──────────────┤
   致命疾患                          死
   の自覚
```

図3-10　死にゆく過程のチャート
(キューブラー・ロス 1978：290の表を一部改変)

・社会的必要

・経済的必要

・家庭的必要

④　宗教的必要

このうちのいくつかについて、少し詳しく解説しましょう。

・痛みの緩和

ターミナルの癌の患者の痛みは、非常に強いものです。その痛みに圧倒されて、他のことは何もできなくなるほどです。ですから、痛みは徹底してとってあげるように努力します。麻薬といわれるモルヒネも副作用対策をしながら十分に使います。かつては「なるべく、がまんしましょう」といったものです。そうすると患者は注射のたびに罪の意識にさいなまれることになります。「あなたが必要ならば、いつでも打ってあげます」と言ってあげた方が、かえって全体的な使用量は減るといわれています。また、痛みは全人的なものです。心理的に不安や怒り、抑うつがあると憎悪します。また、家族との関係が調整されると痛みが軽減することもあります。なるべく、時間をかけて対応してあげるのです。

・死にゆく過程にそった理解

キューブラー・ロス，E. は、有名な著書『死ぬ瞬間』(キューブラー・ロス1978：290)に、致命的疾患を知らされた際の死にゆく過程のチャートをあげて

います。図3-10はそれを一部改変したものです。すなわち，その心理的なプロセスは，まず衝撃を受けるが，それに続いて，①否認，②怒り，③取り引き，④抑うつ，⑤受容の5段階があります。

　否認とは，「私が死ぬなんて認められない」，「何かの間違いではないの」といった感情で，他人のX線写真と取り違えたのではないかとか言います。これは，癌を告知されたとかの衝撃に対する緩衝として，患者にとって必要なことですから，尊重しなければなりません。怒りの段階では，家族や医療関係者に当たります。これもまた必要なことでしょう。取り引きの段階では，たとえば「娘の結婚式に出ることができれば，死んでもよい」とか言います。そこで娘さんが式を予定より早めたりします。抑うつの段階では，否認しても怒ってもだめ，取り引きも成り立たないということで，落ち込んでしまうのです。この状態では励ましてはなりません。ただ，付き合うだけです。そして，最後に受容に到ると，静かに死を見つめることになります。この5段階を通して，患者は希望をもち続けています。「今に新しい特効薬が開発されるだろう」といったふうです。この希望が患者を支えています。

・社会的必要

　患者が会社で重要なポジションにいる場合，あるいは，そうでなくても責任感の強い人などは会社のことが気になるのは当然です。また，経済的に追いつめられていることもあり，相続のことを心配している人もいます。さらに，家庭において，気がかりな家族を残していく場合もあります。このような社会的なニードについては，十分に話してもらい，聴いてあげ，実際にはソーシャル・ケースワーカーなどに相談します。

・宗教的必要

　それまでは宗教に関心のなかった患者でも，自分の死に直面すると，生きる意味について考えたり，過去について罪悪感をいだいたり，死後のことについて話し合いたいと望むようになり，宗教を求めることもあります。宗教の力で，落ち着きと安らぎを得る患者もいます。

　これらをまとめると，図3-11のようになります。つまり，ターミナルでは

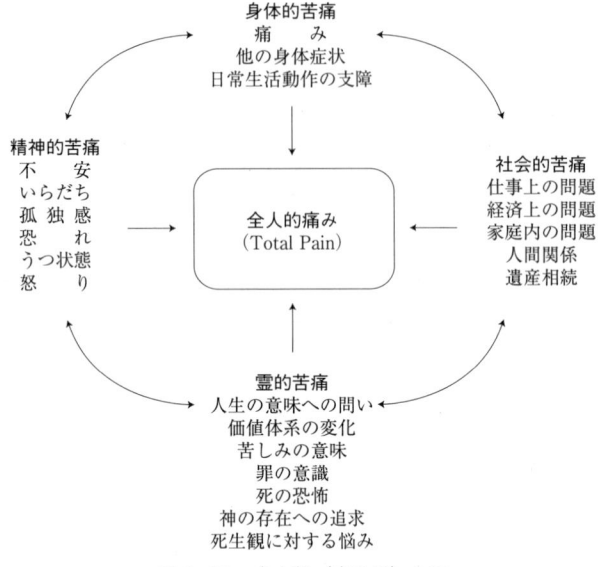

```
                        身体的苦痛
                          痛 み
                        他の身体症状
                      日常生活動作の支障

  精神的苦痛                                    社会的苦痛
    不 安                                      仕事上の問題
   いらだち          ┌─────────────┐            経済上の問題
   孤 独 感   →     │  全人的痛み   │   ←        家庭内の問題
    恐 れ           │ (Total Pain) │            人間関係
   うつ状態         └─────────────┘             遺産相続
    怒 り

                         霊的苦痛
                     人生の意味への問い
                      価値体系の変化
                       苦しみの意味
                        罪の意識
                        死の恐怖
                      神の存在への追求
                      死生観に対する悩み
```

図 3-11 全人的（痛みの）ケア

霊的というか，スピリッチュアル（spiritual）なレベルまでのケアが必要になりますが，これを含めて，全人的なケアが望まれるのです。

2）家族のケア

ムンクの絵「病室における死」をみると，死者よりも，まわりの生きている人々に焦点があてられています。家族へのケアも大切です。

年齢によりますが，子どもにも，かわいそうと思っても，家族の死が近いことを知らせた方が，心の準備がなされるでしょう。もちろん，死にゆく人に病名が告知されていない場合は，子どもから伝わらない配慮が必要です。亡くなった後に，家族はそれぞれ，死者との別れや心の整理をする「喪の仕事(mourning work)」をしていきますが，それを手伝うことも重要です。

幼児教育学者で，若くして夫をなくした河辺貴子の「ターミナルの夫とすごした記録」（河辺 2000）を読みますと，あらためて全人的なあり方がよくわかるでしょう。

引用文献

ガードナー,L.I.(1972)『愛情遮断と発育不全』サイエンス。
ホワイト,M.B.,ホワイト Jr.W.C.,杵渕幸子,ほか(訳)(1987=1991)『過食と女性の心理』星和書店。
生野照子(2006)「子どもにうつ病はあるのか」『医薬ジャーナル』42(4),121-124。
桂戴作(1982)『やさしい心身症(ストレス病)の診かた』チーム医療。
河辺貴子,山崎章郎(2000)『河辺家のホスピス絵日記―愛する命を送るとき―』東京書籍。
キューブラー・ロス,E.,川口正吉(訳),(1978)『死の瞬間』読売新聞社。
中野重行「下痢・便秘症状の年齢別頻度」,河野友信(1980)『小児の心身症』医歯薬出版。
岡田由香(2004)「過換気症候群」,星加明徳,宮本信也編『子どもの心身症』永井書店。
榊原洋一(2006)「ストレスからくる変調」,『きょうの健康 2006.5』日本放送出版協会。
ヴァンダーリンデン,J.,ほか,末松弘行,ほか(監訳)(1989=1995)『ストップ・ザ・過食』星和書店。

読者のための参考図書

吾郷晋浩,ほか編(1992)『小児心身症とその関連疾患』医学書院。
　ストレス社会で悩む子どもの心身症の総説と治療のまとめ。各論もあります。
末松弘行,ほか編(1996)『心身医学を学ぶ人のために』医学書院。
　心身医学は全人的医学と同義語ともいえます。その実際と概念,基本的知識,診断,治療,その他について述べています。

第4章
小児医学の視点からみた子ども

1 長嶋正實
2 松岡 宏

1 世界の子どもと日本の子ども

　世界では劣悪な環境の中で多くの子どもが傷つき，悩み，死んでいます。一方，日本は今まで世界で経験したことがないほどの短期間に，世界で最も低い乳児死亡率と最も長い出生時平均余命（平均寿命）を達成した国となり，母子保健の観点からみれば理想的な国と考えられるようになりました。グローバルにみれば日本はきわめて特殊な国と言わざるを得ませんが，多くの日本人は当たり前のこととして，この恵まれた環境を享受しているように思われます。
　そこで，本稿ではまず，世界の子ども，特に発展途上国の子どもたちと日本の子どもたちを母子・小児保健の立場から比較検討し，その相違を眺めてみたいと思います。次に，この一見，恵まれすぎた環境の中でも，子どもたちは新たな問題に直面しつつあることにも言及します。このような視点で私たちは今後，何をしたらよいか，またすべきかということを考える資料にしたいと思います。

1）健康な子どものために普遍的に必要なもの
　世界中どこの国にも多くの子どもが生まれ，皆，同じように幸福な生活を求めています。Tuft大学小児科 Jane G. Shaller 教授は健全な子どもたちにとって，必要な食物，愛情深く育てられること，安全な環境，家族との絆，心と精神の豊かさ，未来への希望，社会への依存とかかわりが普遍的に必要で，これ

らがすべて満たされなければならないと述べています（Shaller 2003：109）。

今，世界の情勢をみると世界中のすべての子どもたちにこのようなことが与えられているわけではありません。

また Jane G. Shaller 教授は「子どもの健康は社会の発展と安定のための健全な投資であり，未来のおとなの健康の基礎となる」とも述べています。

2）子どもの直面する疾病

現在，世界では5歳未満の子どもが毎年1,000万人死亡しています。その多くは発展途上国の子どもであり，マラリア，低栄養，下痢，HIV/AIDS（エイズ感染症），肺炎などの急性呼吸器感染症，麻疹・破傷風・結核などの本来ワクチンで予防可能な疾病，未熟児・新生児疾患，戦争，飢餓などがその主な原因となっています。日本ではすでにほとんど過去の病気となったものばかりであり，マラリアや栄養失調は皆無であり，結核や麻疹で死亡する子どもはほとんどなく，戦争・飢餓もありません。

エイズは世界中で猛威を振るっています。特にアフリカのサハラ砂漠以南の発展途上国に感染者／患者がきわめて多く，生存中のエイズ感染者／患者は2007年末で3,290万人といわれていますが，実にその3分の2の2,200万人が集中しています。成人人口の20％以上がエイズ感染症であるという国が世界中にいくつもありますがいずれもアフリカ南部の国々であり，妊婦のエイズ感染者が20％以上という国もあります（**表4-1**）。さらに2007年の統計では15歳以下の子どもの生存患者／感

表4-1
成人（15〜49歳）人口が占める HIV/AIDS（生在中）ワースト10（2007年）

国名	頻度（％）
スワジランド	26.1
ボツアナ	23.9
レソト	23.2
南アフリカ	18.1
ジンバブエ	15.3
ナミビア	15.3
ザンビア	15.2
マラウイ	11.9
モザンビーク	12.5
中央アフリカ	6.3
サハラ以南アフリカ	5.0
世界	0.8
日本	<0.01

若い女性（15〜24歳）の HIV/AIDS（生存中）ワースト5

国名	頻度（％）
スワジランド	22.6
ボツアナ	15.3
レソト	14.9
南アフリカ	12.7
ザンビア	11.3

出所：UNAIDS, Report on the Global HIV/AIDS Epidemic 2008より。

染者200万人の90%,新しく感染した子どもの90%,エイズ孤児の90%がすべてサハラ砂漠以南のアフリカ諸国に集中しています。また子どものエイズの90%以上は母子感染であり,女性のエイズ問題が解決すれば,子どものエイズ問題も解決すると言われています。これらの驚くべき数字は貧困,栄養失調,女性の低識字率,性差別,戦争など,いくつかの要素が絡み合い,でき上がってきたと考えられています。

表4-2 乳児死亡率,5歳未満死亡率ワースト10
（出生1,000対）

国名	乳児死亡率	5歳未満死亡率
シエラレオネ	159	270
アンゴラ	154	260
アフガニスタン	165	257
ニジェール	148	253
リベリア	157	235
マリ	119	217
チャド	124	209
赤道ギニア	124	206
コンゴ民主共和国	129	205
ブルキナファソ	122	204
サハラ以南アフリカ	95	160
世界	49	72
日本	3	4

出所：State of the World's Children 2008 by UNICEF より。

日本は幸いにしてまだまだエイズ感染率はきわめて低く,感染者・患者累計は2007年に1万3,890人と報告され,母子感染もまれで,また予防もかなり進んでいます。

3）母子保健関連指標

わが国は1899年から人口動態統計（母子保健関連指標を含む）を正確に取り続けていますが,発展途上国ではその正確な全国統計を出すことは難しく,発表されている統計値はあくまで概算であり,必ずしも確度は高くはありませんので発表の資料により異なっていることをお断りしておきます。

① 乳児死亡率,5歳未満死亡率

乳児死亡率は生存出生1,000人に対し1歳未満の死亡数を言い,5歳未満死亡率は5歳未満に死亡する数をいいます。

2008年ユニセフ発表の統計資料では**表4-2**に示すように,ワースト10に入る国の多くはアフリカの発展途上国であり,種々の感染症,貧困,栄養失調,戦争などによって多くの子どもたちが犠牲になっていると考えられます。5歳

表4-3 ムヒンビリ医療センター小児科入院患児の死因（1998）

	症例数 N=1,225	死亡率
マラリア	411	33.6
貧血	397	32.4
下痢	29	2.4
呼吸器感染	376	30.7
髄膜炎	23	1.9
HIV/AIDS	85	6.9
栄養失調	111	9.1
その他	87	7.1
合計	1,519	

注：ムヒンビリ医療センターはタンザニアで最大の病院。
出所：三重県立志摩病院小児科松林信幸氏提供。

未満死亡率が示すように，5人に1人以上が5歳までに死亡している国が何と多いことか驚かされます（表4-2）。

大きな戦争もなく比較的平和が保たれているアフリカ東部のタンザニア（2007年では乳児死亡率；74，5歳未満死亡率；118）を見てみると乳児，5歳未満死亡の三大原因疾患はマラリア，下痢症，急性呼吸器感染症であるといわれていますが，エイズに関する正確な統計は無く，また下痢や感染症が直接原因であってもエイズが背景にあり，病状を悪化させていることも少なくありません。タンザニアの首都ダルエスサラーム市にある国内最大のムヒンビリ医療センター小児科入院の死亡率を見るとその高さに愕然とする方も少なくないと思います。表4-3に示すデータは1998年とやや古いものです。最近少し改善されているといわれていますが，あまり大きな差はないと思われます。

一方，わが国では乳児死亡率は2005年には2.8と，世界でもっとも低い国のひとつであることが明らかにされています。スウェーデン3.2，アメリカ合衆国6.9です。新生児死亡率も日本は2003年1.7，2004年1.5と世界で一番低く，スウェーデン2.3，アメリカ合衆国4.7より低いことも統計上示されています。このように日本の新生児，乳児の死亡率は世界的に見ればきわめて低いことがわかると思いますが過去の日本はどうであったでしょうか。

1900年からの統計を見ると第二次世界大戦までは乳児死亡率は100以上であり，1920年代には180以上の年もあります。まさに多くの子どもたちが死亡し，その原因も低栄養，下痢症，肺炎，麻疹（はしか）などでありました。環境や背形は現在の発展途上国と異なるかもしれませんが，現在の発展途上国と類似の状況であったと考えられます（図4-1）。

さらに200年前の江戸時代まで振り返ってみましょう。200年前といえば非常

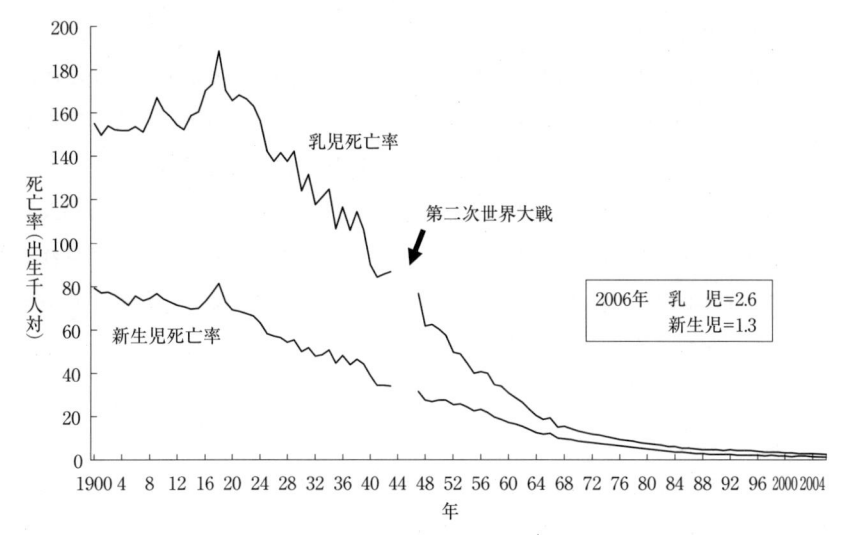

第4章　小児医学の視点からみた子ども

図4-1　日本の新生児・乳児死亡率推移（1,000人出生に対する死亡数）

に長いような印象があるかもしれませんが，数万年の人類の歴史から考えてみればきわめて短い時間といわざるを得ません。江戸時代には麻疹，天然痘，コレラなどが大流行し，実に多くの人が犠牲になったようであります。例えば，「命定め」といわれた麻疹は江戸時代に13回の大流行があり，毎回，多くの大人（当時は子どもだけの疾患ではありませんでした）や子どもが死亡し，特に1862年の流行では江戸で23万9862人が死亡したという記録も残されています（酒井 2002：196）。当時の江戸の人口は100万人くらいでしたので，膨大な数であることが想像できると思います。もちろん当時にはワクチンも抗生剤も無く，予防方法も治療方法も無く，人々は迷信を信じるか魔よけの張り紙を玄関に貼るくらいしかできませんでした。たった200年間に予防も医療は大きく変わり，先進国では麻疹のワクチンで患者数は激減し，麻疹による肺炎もほぼ治癒し，麻疹で死亡するものは例外的になりました。

　コレラで死亡する人も多く，明治時代になっても3～4年に1回ずつ流行があり，多いときは年間15万人くらいの患者が発生し，死亡率は実に70％と驚くべき数字でしたが，まだよい治療法も予防法もなかったのでやむを得ませんで

した（立川 1971：180）。

　子どもが感染症をはじめ多くの疾病で死亡したということがよくわかる例があります。徳川将軍家の子どもの寿命が当時の日本人の寿命と同じであったかどうかわかりませんが，篠田達明氏によると第11代将軍家斉は57人という多くの子どもがいましたが実に32人は5歳までに死亡し，第12代将軍家慶も29人の子だくさんでありましたが成人期に達したのは4人だけであったと述べられています（篠田 2005：137，143）。このように江戸時代末期になっても多くの子どもが死亡していました。

　今や世界で最も低い乳児死亡率を誇る国のひとつである日本でも200年前には悲惨な状況があり，20世紀前半でも現在もっとも乳児死亡率の高い発展途上国なみであったといえるでしょう。特に第二次世界大戦後の日本は急速に乳児死亡率を下げることができ，世界の注目の的になってきました。このように急速な減少は地域の保健制度の確立，母子保健にかかわる官民の高い理解と行動など，われわれの先人の努力に負うところがきわめて大きいと考えます。小児保健ではめざましい進歩をとげることができた歴史は発展途上国が今後の母子保健向上のためには参考になり，またわれわれもそれを世界に示さなければならないと考えています。

②　妊産婦死亡率

　妊産婦死亡率は10万人の出生に対し，妊娠・分娩に関連した女性の死亡数をいいます。

　統計の出ていない国もありますが，2008年のユニセフの統計によると妊産婦死亡率ワースト10のほとんどはアフリカ諸国であり，シエラレオネは2,100ときわめて高いようです。1,000以上の国が多数あります（表4-4）。結婚や妊

表4-4　妊産婦死亡率ワースト10

国名	妊産婦死亡率	死亡危険率
シエラレオネ	2,100	1/8
アフガニスタン	1,800	1/8
ニジェール	1,800	1/7
チャド	1,500	1/11
アンゴラ	1,400	1/12
ソマリア	1,400	1/12
リベリア	1,200	1/12
マラウイ	1,100	1/18
ナイジェリア	1,100	1/18
カメルーン	1,000	1/24
サハラ以南アフリカ	920	1/22
世界	400	1/92
日本	6	1/11600

注：統計の出ていない国もある。データは発表される資料によって大きく異なる。
出所：State of the World's Children 2008 by UNICEF より。

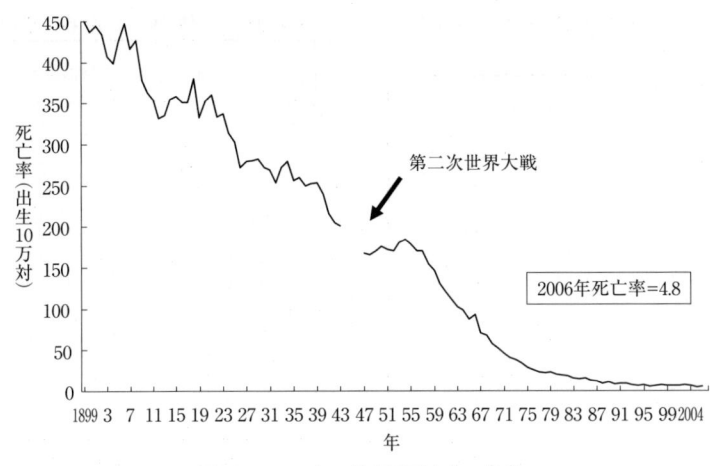

第4章　小児医学の視点からみた子ども

図4-2　日本の妊産婦死亡率の推移

娠の年齢も低く，低識字率による妊娠や分娩の知識の欠如，道路や交通手段が限られ医療機関へのアクセスが難しいこと，妊娠中の管理も不十分であること，妊娠中の合併症が多いこと（マラリア，エイズ，妊娠中毒症など），家庭内分娩が多く，地域の助産師のいる（医師はいない）ヘルスセンターや traditional birth attendant（TBA：伝統的産婆とも呼ばれ，専門的知識の少ない，資格のない助産婦）の分娩介助によるものも多く，緊急治療にも間に合わないことなど，問題が多い。したがって危険な中絶手術，出血，子宮破裂，異常分娩，産褥熱などの種々の合併症で多数の妊婦が死亡しています。

　日本のように病院や診療所で安全に快適な分娩をすることができるのは世界から見れば少数派といえます。

　幸いにして日本の妊産婦死亡率は，これらの国と比較し100分の1以下ときわめて低く，スウェーデンより高いようですが世界でも最も低い国の1つです。

　乳児死亡率と同じように日本の過去100年の統計をみてみると，正確な統計を取り始めた1899年には450と，現在の発展途上国なみに高かったようですが，その後ほぼ直線的に低下し，2006年には4.8となりました（図4-2）。

　日本でも1960年頃から家庭分娩から医療機関での分娩志向が急速に高まり，

表4-5　出生時の平均余命ワースト10
　　　　（2006年）

国名	出生時の平均余命
スワジランド	40
ザンビア	41
ジンバブエ	42
シエラレオネ	42
レソト	42
モザンビーク	42
アンゴラ	42
アフガニスタン	43
中央アフリカ	44
リベリア	45
サハラ以南アフリカ	50
世界	68
日本	82

出所：State of the World's Children 2008 by UNICEF より。

表4-6　合計特殊出生率の高い国10カ国

国名	合計特殊出生率
ニジェール	7.3
アフガニスタン	7.2
ギニアビサウ	7.1
アンゴラ	6.5
ブルンジ	6.8
コンゴ民主共和国	6.7
ブルキナファソ	6.7
チモール	6.7
ウガンダ	6.6
マリ	6.6
サハラ以南アフリカ	5.3
世界	2.6
日本	1.3

出所：State of the World's Children 2008 by UNICEF より。

安全な妊娠管理や分娩ができるようになりました。また妊婦教育が行われていること、妊娠中、分娩前後の管理が母子手帳などを利用しながら十分に行き届いていること、医療機関へのアクセスがよいことなど発展途上国からみれば夢のような状況です。

③　出世時平均余命（平均寿命）

　平均寿命のワースト10もユニセフの統計で見るとアフガニスタンを除いてすべてアフリカ諸国です（表4-5）。平均寿命が40歳台の国がいくつもあります。5歳未満死亡率の高い国は乳幼児の死亡も多い傾向がありますが、比較的低い国は若年者のエイズ死亡が高いためかもしれません。山本敏晴著『世界で一番いのちの短い国―シエラレオネの国境なき医師団―』や石弘之著『子どもたちのアフリカ―〈忘れられた大陸〉に希望の架け橋を―』に子どもたちの悲惨な状況やなぜ平均寿命が短いかということが細かく述べられているので読まれることをお勧めします。

　一方、日本は世界一の長寿国になっています。2007年には男性79.19歳、女性85.99歳でした（図4-3）。江戸時代には全国統計はありませんが、寺の過去帳などから類推すると30歳前後だったようです。日本で初めての正確なデータ

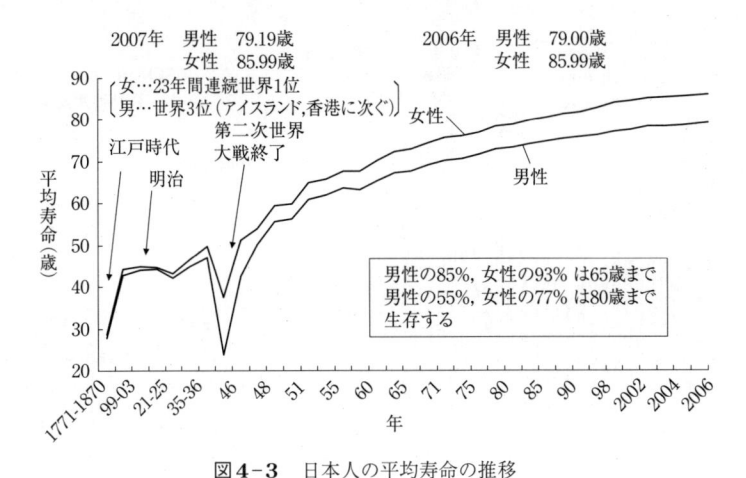

第4章　小児医学の視点からみた子ども

図4-3　日本人の平均寿命の推移

によると1891年には男性42歳，女性44歳でした。第二次世界大戦までは平均寿命の伸びは比較的ゆっくりでしたが，終戦直後から急速に伸び始め，1947年には50歳を，1951年には60歳を超え，1985年には女性は世界一となりました。今や男性の85％，女性の93％は65歳まで，男性の55％，女性の77％は80歳までの長寿を享受できるようになりました。この長寿は生活環境の改善，医療福祉環境の充実など，生命維持には非常に良い環境が整えられたことも大きな要素でありますが，子どもの死亡率が著しく低下したことも大きな要因であります。

しかし，今や日本は長寿大国となりましたが，別の難しい問題である高齢者問題に直面しつつあります。詳細は省略しますが，どのように解決していくか世界が注視しています。

④　合計特殊出生率

合計特殊出生率とは，1人の女性（15歳～49歳）が一生の間に産む子どもの数をいいます。

発展途上国では合計特殊出生率が高く，合計特殊出生率の高い国はアフリカに集中しています。合計特殊出生率が7以上の国が3つあり，世界の平均は2.6です（表4-6）。日本は戦後の第1次ベビーブームの1947（昭和22）年には

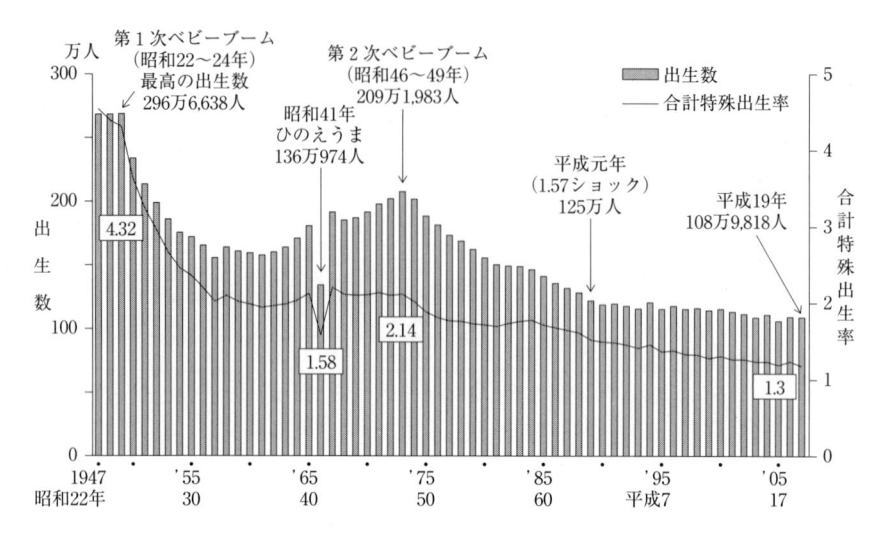

図4-4 日本の出生数と合計特殊出生率の推移
資料：厚生労働省「人口動態統計」より（一部変更）。

4.3を越していましたがその後急速に減少し1960（昭和35）年には2になっています。その後やや変動があるものの政府や民間の必死な努力にも拘わらず減少傾向には歯止めがかかりません。最近も1.3前後で，年々低下傾向が見られ，深刻な少子化に向かっています（図4-4）。

出生数も第1次ベビーブームには年間250万人以上であったものが1973年の第2次ベビーブームの後には第3次ベビーブームが現れる兆候は見られず，2007年には109万人まで減少しています（図4-4）。

すでに日本の人口は減少しつつあり，今後，合計特殊出生率が減り続ければ，人口減少はさらに進み，労働力も経済力も下がることが懸念され，また高齢者問題とも関連し，今後の日本の発展にも大きくかかわってくるでしょう。

4）今，日本の子どもは？

外国，特にアフリカの発展途上国と日本の比較をしてきましたが，現在の日本の小児保健の問題についていくつかの点に触れてみたいと思います。

表4-7 日本の子どもの主な死因上位5疾患（2007年）

	0歳	1〜4歳	5〜9歳	10〜14歳
第1位	先天奇形，変形及び染色体異常 1,046（96.0）	不慮の事故 177（4.1）	不慮の事故 150（2.6）	不慮の事故 125（2.1）
第2位	周産期呼吸障害，心血管障害 376（34.5）	先天奇形，変形及び染色体異常 158（3.7）	悪性新生物 96（1.6）	悪性新生物 111（1.9）
第3位	乳児突然死症候群 147（13.5）	悪性新生物 85（2.0）	肺炎 37（0.6）	自殺 47（0.8）
第4位	不慮の事故 127（11.7）	心疾患 60（1.4）	先天奇形，変形及び染色体異常 36（0.6）	心疾患 36（0.6）
第5位	胎児，新生児の出血性障害 121（11.1）	肺炎 59（1.4）	心疾患 31（0.5）	先天奇形，変形及び染色体異常 28（0.5）
総死亡数	2,828（259.2）	981（22.8）	552（9.5）	534（9.0）

注：（　）内は死亡率：出生10万対。
出所：厚生労働省「人口動態統計」より。

① 日本の子どもの主な死因

　表4-7に2004年における日本の子どもの死因上位5位までを示しました。1歳未満の乳児死亡は先天奇形・変形および染色体異常，呼吸障害および心血管障害，乳幼児突然死症候群，不慮の事故，胎児の出血性障害などと続いています。1歳〜15歳では不慮の事故が第1位であり，約半数は交通事故と考えられます。次いで悪性新生物や心疾患です。発展途上国は何らかの感染症が死亡の大きな要因となっていますが，わが国では，感染症による死亡はきわめて少ないことがこの表から明らかです。また，死亡数・死亡率とも他の国に比較すれば少ないことは以前にも述べました。

　死亡原因を1960年，1980年，2007年と20年〜27年ごとにみるとその推移がきわめてよくわかります。まず1960年には1歳〜4歳の死亡原因は不慮の事故が第1位ですが，肺炎・気管支炎，胃腸炎，赤痢，麻疹など，感染症が多く，現在の発展途上国と類似の死亡原因です。1980年以後には感染症は激減していることがわかります。また出生10万対死亡率を見ても47年間で245.7人から22.8

表4-8 日本の1～4歳死亡原因の推移

	1960	1980	2007
第1位	不慮の事故 (69.1)	不慮の事故 (24.5)	不慮の事故 (4.1)
第2位	肺炎・気管支炎 (36.3)	先天奇形 (10.2)	先天奇形 (3.7)
第3位	胃腸炎 (26.7)	悪性新生物 (6.0)	悪性新生物 (2.0)
第4位	赤痢 (15.7)	肺炎・気管支炎 (4.4)	心疾患 (1.4)
第5位	麻疹 (9.5)	心疾患 (2.7)	肺炎 (1.4)
死亡率	(245.7)	(64.8)	(22.8)

注:( )内は死亡率：出生10万対。
出所：厚生労働省「人口動態統計」より。

表4-9 日本の5～9歳死亡原因の推移

	1960	1980	2007
第1位	不慮の事故 (29.2)	不慮の事故 (11.4)	不慮の事故 (2.6)
第2位	肺炎・気管支炎 (6.5)	悪性新生物 (4.7)	悪性新生物 (1.6)
第3位	赤痢 (6.4)	先天奇形 (1.8)	肺炎 (0.6)
第4位	胃腸炎 (5.4)	心疾患 (1.3)	先天奇形 (0.6)
第5位	悪性新生物 (4.2)	中枢神経系の 非炎症性疾患 (1.2)	心疾患 (0.5)
死亡率	(89.2)	(27.8)	(9.5)

注:( )内は死亡率：出生10万対。
出所：厚生労働省「人口動態統計」より。

人と10分の1以下になっています(**表4-8**)。5歳～9歳でも同様に肺炎・気管支炎,赤痢,胃腸炎などの感染症が大きな死亡原因となっていたものが,1980年以後には感染症が減り,出生10万対死亡率も89.2から2004年には10.3と約9分の1に減少しています(**表4-9**)。このような短期間で子どもの死亡率の著減と感染症での死亡が大きく減少していることがわかります。

このように日本では感染症が大きく減少しているのはワクチンの普及，抗生剤の使用，軽症な疾患でも重症でも簡単に医療が受けられる国民皆保険制度，疾病予防・治療に対する国民の高い理解，官民あげての感染症撲滅に対する努力など多くの要因に負うところが大きく，このような制度をもたない発展途上国との間に大きな差があります。

② 子どもを取り巻く環境は大きく変化している

人類の歴史は何万年にもわたり飢餓と感染症との戦いでした。食物は自分たちで手に入れなければならず，狩猟や栽培に努力し，食物が手に入らなければ飢餓に悩まされ，餓死したこともあったと考えられます。また人々は疾病や疫病に恐れおののき，一度，疾病に襲われても疾病に対する治療法もなく，宗教的な儀式や迷信などに頼らざるを得なかっただろうと思います。

ところが現在，日本では食べ物に関してはコンビニ，スーパーなどがあり，どこでも，いつでも，なんでも手に入り，栄養失調など全く考えられない豊かな社会が形成され，むしろ飽食の時代とさえいわれています。また，インフルエンザなど感染症の流行は時にあるにしても，マラリア，コレラ，天然痘，重症下痢など，死に至るような感染症はきわめて少なくなりました。

一方，少子化，核家族化，また複雑な社会など，子どもののびのびとした成長や発達を障害するような環境が生まれ，子どもの心の病気，生活習慣病（肥満，高脂血症，高血圧など）などが増加しています。また少子化，核家族化が進み，親の育児の経験が減少し，子育てに対する不安，自信のなさが拡大し，また子どもに対する虐待などが著しく増加しています。

従来の感染症や子どもの多くの疾病は医師，看護師だけで対処できましたが，心のケア，生活習慣病，虐待など，また最近，増加傾向の高機能自閉，注意欠陥・多動性障害，学習障害，アスペルガー症候群などは医師，看護師だけでは対処できず，臨床心理士，保健師，教師，行政などと連携し，立ち向かわなければならない疾病です。いわば，血液検査・レントゲン検査・薬・注射といったような従来型の医療だけでは解決できず，新しい発想転換のもとに新しい治療方針や予防法などが必要になり，小児医療，小児保健も大きな変化を求めら

れるようになってきました。

　例えば子どもの虐待を例にとってみましょう。虐待が増加していると言われていますが，虐待に関連して児童相談所における児童虐待処理件数は毎年うなぎのぼりに増加し，1990年には1,101件であったものが，2000年17,725件，2006年では37,323件と児童相談所の処理能力では追いつかない状況になっています（第5章の図5-1参照）。虐待は被虐待児と虐待をする大人（例えば母親，父親など）がいます。その両者は必ず心身の問題を抱えており，解決のためには子どもと大人をケアする精神科医（時には身体的虐待などで外傷があれば外科医，脳外科医，整形外科医，小児科医，婦人科医なども）が必要であり，他に臨床心理士，ソーシャルワーカー，児童相談所職員，保健師，一次保護すべき施設，警察，弁護士など非常に多くの人がかかわらなければなりません。また未熟児や発達障害の子どもも虐待の対象になり得ることから虐待予防のためには産婦人科医，小児科医，助産師，看護師，保健師，保健所，保健センターなども重要な役割を果たさなければならず，多くの問題を長い時間かけながら少しずつ解決するという手法がとられています。このような問題解決にあたって，今までの診療所や病院中心の発想から，地域の種々の施設（必ずしも医療保健施設だけではありません）や専門家と連携を組みながら考えていかなければなりません。

　飢餓もない，感染症も激減し，今まで豊かで，恵まれていると考えられてきた環境の中で育ちながら，子どもたちは再び新しい問題を抱え解決していかなければならないことがわかってきました。

③　子どもの生活習慣病

　恵まれた環境の中であるが故の問題として生活習慣病（長嶋 2004：77-82）について述べてみたいと思います。生活習慣病は生活習慣が原因で発生する疾患で，以前は成人病ともいわれ高齢者の疾病と考えられてきました。その代表が食習慣，運動習慣，喫煙，飲酒，ストレスなどに起因する疾患や状態をいい，動脈硬化，高血圧，肥満，糖尿病，またその結果としての心筋梗塞，脳梗塞，がんなどの疾患をいいます。しかし，子どもでも肥満，高血圧，高脂血症，糖

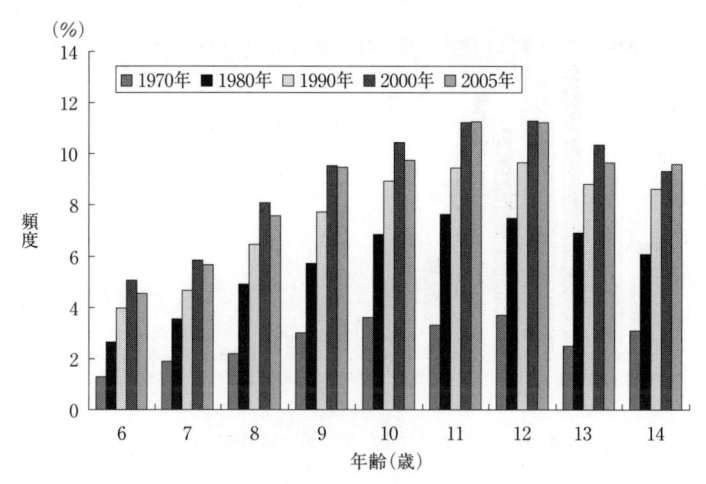

図4-5 肥満傾向児（肥満度20%以上）の推移（男子）
出所：文部省「学校保健統計調査報告書」。

尿病（肥満によるⅡ型糖尿病）などの疾病が増加し，その一部は生活習慣に起因すると考えられます。子どもの生活習慣病は，①いつでも，どこでも，なんでも簡単に食べることができる豊かな食生活（特に食生活の欧米化，ファーストフードの増加，脂肪摂取量の増加，カロリーの過剰摂取），②運動不足，③ストレスや家族関係の難しさなどが大きな要因と考えられています。

a. 肥満児の増加：文部省の統計によると肥満傾向児（肥満度20%以上）の推移は図のようですが，最近，肥満児が著しく増加していることが示されています。どの年齢も増加傾向が明らかで最近の30年で3～4倍に増加し，小学校高学年から中学生では肥満傾向児が10%以上になっています（図4-5）。愛知県の高校1年生の統計でも増加傾向が見られますが，特に高度肥満が少しずつ増加しています（図4-6）（平光 2004：14-15）。

b. 肥満によって起こる合併症：子どもの生活習慣病の代表的表現型が肥満と考えられ，肥満による種々の合併症が見られます。表4-10に示すように，高脂血症（特に高コレステロール血症，高トリグリセライド血症），高血圧，肝機能異常，Ⅱ型糖尿病などがあります。高脂血症や高血圧は動脈硬化の促進因

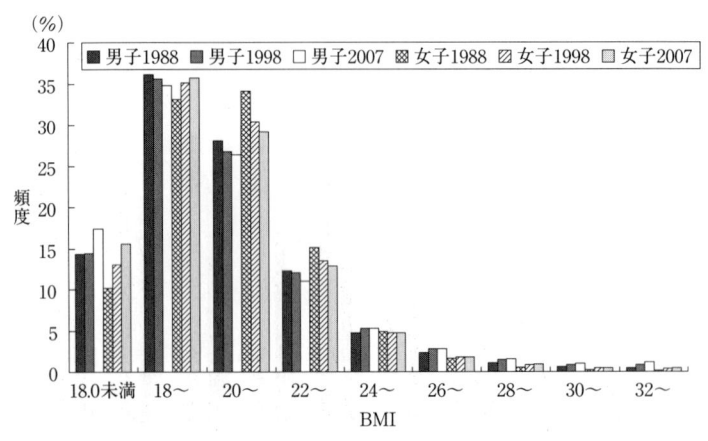

図4-6 愛知県高校1年生の男女別BMIの分布
出所:「第23回学校保健診懇談会会誌」愛知県学校保健診協議会発行より。

表4-10 肥満によっておこる合併症と頻度（肥満度30%以上）

高脂血症	高コレステロール血症，高中性脂肪を含め頻度40%
高血圧	小児基準を用いた場合　頻度20%
肝機能異常	頻度　10%　男＞女
Ⅱ型糖尿病	空腹時血糖による測定 　　境界型　2.5%，糖尿病　0.5% OGTT 　　境界型　25%，糖尿病　4%
その他	胆石，腎結石，高尿酸血症，月経異常，腰痛，大腿骨頭すべり症，心理的圧迫

注：脂質，血圧，肝機能，空腹時血糖のうちいずれかに異常をしめすものの頻度は60%。
出所：日本小児保健協会。

子となり，動脈硬化の病理学的初期変化はすでに小児期から見られます。肥満と高血圧の相関関係も以前からよく知られた事実です。1例として愛知県高校1年生のデータを示します。BMI (body mass index) と血圧との間にはきわめて大きな相関があり，BMIが高いほど高血圧の児童・生徒の数が増加します（図4-7）。

特に肥満が高度になれば，その頻度は高くなります。30%以上の高度肥満の児童・生徒の60%に血清脂質，血圧，肝機能，空腹時血糖値に異常が見られるといわれています。

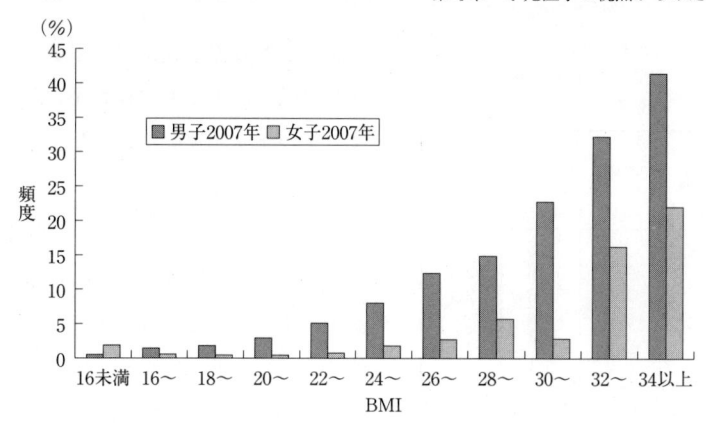

第4章 小児医学の視点からみた子ども

図4-7 愛知県高校1年生のBMI別血圧有所見者（2007年）
（収縮期圧140mmHg以上 and/or 拡張期圧90mmHg以上）
出所：「第23回学校保健健診懇談会会誌」愛知県学校保健健診協議会発行より。

表4-11 思春期過体重児の長期予後（55～65年後の予後）

死亡原因	相対危険度（過体重でない人との比較）	
	男子（n=256）	女子（n=252）
全死亡	1.8	1.0
冠動脈疾患	2.3	0.8
脳動脈硬化性脳血管障害	13.2	0.4
大腸結腸がん	9.1	1.0
乳がん	—	0.9

出所：(Must 1992)

c. **思春期過体重児の長期予後**：思春期に過体重であった子どもたちが55～65年後に高齢者になったときの状況を調査したMustらの報告があります（Must 1992：1350-5）。その報告によると死亡の相対危険度は男子では1.8倍、冠動脈疾患や動脈硬化性脳血管障害、大腸結腸がんなどの死亡の相対危険度が高い傾向がみられます。一方、女子では死亡の相対危険度は高くありません（**表4-11**）。しかし、疾病の罹患率は男子・女子とも冠動脈疾患、狭心症、糖尿病などの高いことが報告されています（**表4-12**）。このように思春期の肥満が高齢になっても大きな影響を及ぼすことが明らかにされており、小児の生活習慣病予防の重要性が認識されます。

表4-12 思春期過体重児の長期予後
（55～65年後の予後）
罹患率

罹患疾病	相対危険度 (過体重でない人との比較)		
	全体	男子	女子
冠動脈疾患	2.1	2.8	1.6
狭心症	1.7	1.6	5.1
糖尿病	1.8	1.6	2.2
動脈硬化	7.7	5.0	—
関節炎	1.6	0.9	2.0
痛風	2.7	3.1	—

出所：(Must 1992)

④ 子どもの運動不足

わが国では子どもの運動不足が問題になっています。運動不足も生活習慣病の大きな要因になっています。また，その結果として体力・運動能力の低下が目立っています。図4-8，図4-9は名古屋市の小・中学生，高校生の体力・運動能力の経年変化を表したものですが，1989（平成元）年に比較し5％以上低下している学年が多いように思います。

a. 運動不足の原因：少子化に伴い，遊ぶ友達も遊び場も減っています。またテレビ，テレビゲーム，パソコンのような室内娯楽が増え，長時間それに熱中する子どもも多く，子どもたちの外で遊ぶ機会を減らしています。交通事情も格段とよくなり，車が日常の交通手段になり，積極的に歩いたり，走ったりすることも減っています。また生活が豊かになり，子どもが家事や労働を手伝うことも少なくなりました。また学校でもクラブ活動に対して積極的に参加しているものも少なくありませんが，運動クラブに積極的に参加しない子どもも，また多いようです。

b. 発育期の運動不足による問題点：発育期の運動は心身の発育・発達には欠くべからざるものです。運動不足は基本的な運動能力（運動の巧みさ，運動の持続，力強さ，スピード）の低下を来し，その結果，運動を楽しく受け入れることができず，運動嫌いになる可能性も高くなります。運動習慣として生涯スポーツは生活習慣病予防にとっても重要でありますが，運動嫌いは生涯スポーツへの参加を避ける傾向が見られます。また心身の発達の遅れや肥満児や生活習慣病への移行が懸念されます。

有名なスキャモンの成長曲線（臓器別発達パターン）を見ると神経系の発達は6歳～7歳まででほぼ完成されます（第1章，図1-3参照）。少なくともこの年齢までには「走る」，「投げる」，「飛ぶ」といったような基本的な動作の発達

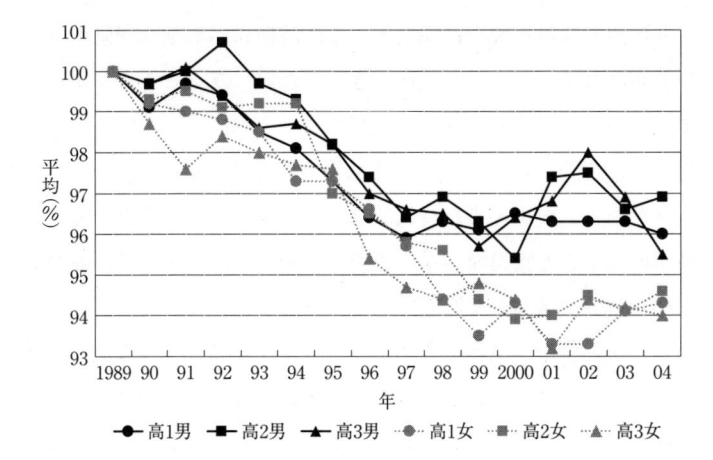

第4章 小児医学の視点からみた子ども

図4-8 体力・運動能力の経年比較（名古屋市）―高校生／握力・持久走・50m走・ボール投げから（1989〔平成元〕年を100とする）
出所：名古屋市教育委員会資料より。

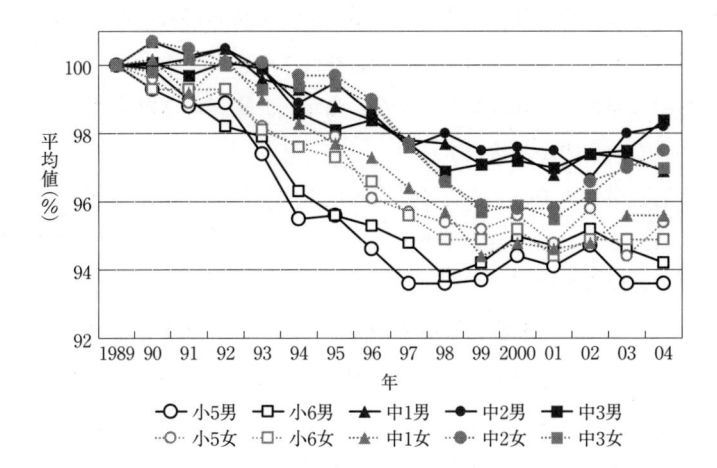

図4-9 体力・運動能力の経年比較（名古屋市）―小・中学生／握力・持久走・50m走・ボール投げから（1989〔平成元〕年を100とする）
出所：名古屋市教育委員会資料より。

がもっとも期待できる重要な時期です。この時期には特別な運動やスポーツに取り組む必要はなく，むしろ，父母，きょうだい，友達との遊びが最も大切であり，またその生活習慣の形成が必要です。

学齢期以後に運動に親しむことで運動・スポーツの基本的な動作の習得やスキルアップが得られます。また持続的な，いわゆる有酸素運動を続ける事により最大酸素摂取量や呼吸循環器系の予備力が増大し，その結果，運動に対する持久力や粘り強さが増し，また筋力の増強などが期待できます。

運動により運動調節・協調機能が高められます。このような発達は運動・スポーツへの参加を楽しくし，また参加を容易にすると考えられ，いわゆる生涯スポーツへの参加や意欲を高められ，中高年者の生活習慣病の発現を遅らせることができ，高齢者の高い QOL を期待できると考えられます。

⑤　小児生活習慣病の予防

豊かな，恵まれた環境での生活の象徴として生活習慣病が考えられます。その代表ともいえる小児肥満は成人肥満に移行することが多く，小児期から肥満予防や解消に努めなければなりません。しかし，現実には肥満は増加傾向の一途をたどっているのが現状です。

小児生活習慣病を予防するための取り組みを早急に行う必要があります。そのためには，以下の点が大切です。

(1)学校での健康教育

なるべく幼少から健康に対する教育が必要です。健康とは何か，健康になるための食生活や運動スポーツの重要性，心の健康などに対する教育が重要です。このような健康教育は児童・生徒が家庭に持ちかえって家族を再教育することにもなり，また次世代を教育する基礎となります。

(2)出生前からの保護者への教育

生活習慣は出生直後から形成され始めます。出生前から保護者への教育が必要です。例えば，妊娠後から出生までに保健所や保健センターなどで新しい親に教育することも重要です。

(3) 早期発見と早期治療

　乳幼児健診，3歳児健診，学校健診などで肥満をはじめとする生活習慣病の早期発見に努めましょう。

(4) 運動に親しみ，参加できる環境整備

　最近，運動不足が大きな問題になっています。テレビ，テレビゲーム，パソコンなど家の中で遊ぶことが多くなり，外で遊んだり，運動したりする機会も場所も減っています。運動に親しんだり，参加したりできる環境整備も大切です。

5) 地球規模での保健医療環境の向上を目指して

　以上述べたように，地球上の発展途上国には貧困や十分な知識がないため，満足な保健・医療・福祉の恩恵に浴していない子どもたちが非常に多く，数知れない犠牲者がでています。一方，わが国は非常に短期間に世界で最も恵まれた保健医療環境に到達しました。その環境を享受しながら，一方では同じ地球上にいる仲間としてこの不平等さがなぜ起きているのか，またこの不平等さに何をしたらよいかを考えてみる必要があります。また，この不平等は保健医療の問題だけにとどまらず，経済，政治，宗教，民族・ジェンダー問題などのすべての面に行きわたっていると考えられますので広い視野で日本と世界を眺めることが大切です。

　また，恵まれた環境といえども，その中に新しい大きな問題を包含していること，これらの問題を解決するためには従来の方法論では難しく，新しい発想や行動も必要になっていることを知ることも大切なことです。

引用文献

愛知県学校保健健診協議会（2008）「第23回学校保健健診懇談会会誌」7頁。

Must A. et al., (1992) Long-term morbidity and mortality of overweight adolescents. Follow up study of the Harvard growth study of 1922 to 1935. *New England Journal of Medicine*, 327(19) : 1350-5.

長嶋正實（2004）「小児期の生活習慣病と循環器病予防」『日本循環器病予防学会誌』39(1)。

酒井シヅ（2002）『病が語る日本史』講談社。

Shaller J.G.（2003）Healthy children for a healthy world.『日本小児科学会雑誌』107。
篠田達明（2005）『徳川将軍家15代のカルテ』新潮社。
立川昭二（1971）『病気の社会史—文明に探る病因—』日本放送出版協会。

読者のための参考図書

山本敏晴（2002）『世界で一番いのちの短い国—シエラレオネの国境なき医師団—』白水社。
　平均寿命が30歳代，また5歳までに3分の1が死んでいく国シエラレオネで，子どもの健康のために日本はどんな国際協力をしたらよいか教えてくれます。

石　弘之（2005）『子どもたちのアフリカ—〈忘れられた大陸〉に希望の架け橋を—』岩波書店。
　アフリカの子どもたちが日本では考えられない多くの苦しみをかかえていますが，現在の恵まれた日本の状況を考えながら，読んで欲しいと思います。

2　小児科免疫学の視点から子どもケアを考える

1）成長について

　子どもケアを考えるためには「子ども」を理解することが必須で，そのためには「成長」の正しい理解が重要です。子どもの成長は，正しく理解されているのでしょうか。「子どもは大人のミニチュアではない」という言葉があります。体重5 kgの子どもは，体重50kgの大人の10分の1縮尺模型ではないことは，概念的には一人の人格だからとして理解できますし，身体的にも4頭身と8頭身と異なることからも理解できます。しかし，10分の1モデルではないことは理解しているものの，大人が100であり，子どもは大人という成長のゴール，完全型へ至る発展途上の状態であると，当たり前のように考えられているのではないでしょうか。

　子どもはすべての点で大人より未熟であるという考え方は本当に正しいのでしょうか。

　かつてヒトが進化の系統樹の頂点でゴールだと考えられていたように間違ってはいないでしょうか。子どもの成長について科学的，医学的に考えてみます。

2）スキャモンの成長曲線

　「スキャモンの成長曲線」（図4-10）はヒトの身体の各臓器・系統の成長が決して同期したものではなく，おのおのが独立しかつ相互に影響しあって，量的に成長していくことを図示したものです。一般型（筋骨格型）は身長と体重の成長で測られるように出生後乳児期と思春期前の2つのスパートを示す曲線になります。神経系は3歳までに大人の80％に至る猛烈なスピードで成長します。そして生殖器系は，二次成長が出現する11歳から13歳頃に急成長しますが，それは筋骨格系の成長が止まることと関連します。

　例えばわれわれも親として，また乳幼児健診などで，神経系の成長のスピードを実感します。生まれてからしばらくは夜昼かまわず泣いてお乳を要求し，

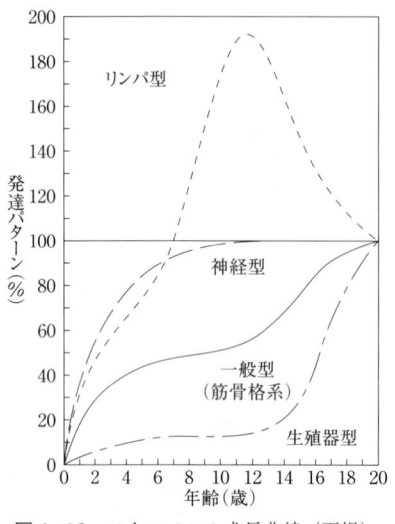

図4-10 スキャモンの成長曲線（再掲）

哺乳しているか，そうでなければ眠っているだけだった児が，2カ月すると笑うようになり，「アーアー，ウーウー」と声を出し，目で追ってくれるようになります。3カ月過ぎると首がしっかりとしてきて，抱きやすくなります。6カ月〜7カ月で，寝返り，はいはいをして，自分で動き回り，ガラガラで遊べるようになりやがて座れるようになります。ある日，立ちあがって，よちよちと一歩二歩，歩き始める1年間の成長は，親として子育ての苦労がむくわれる感動の一瞬一瞬です。

　筋骨格系，生殖器系，神経系の成長がスピードの差はあるものの，大人を100としてそれに至る成長であるのに対して，リンパ系の成長は異なった曲線を描きます。リンパ系は，6歳以降大人の100を凌駕し，11〜12歳頃ピークである180％に至る，きわめて特徴的な成長曲線を描きます。リンパ系とは免疫系の発達を意味します。以下，リンパ系の成長について考えてみます。

3）免疫系について

　免疫系とは，われわれの身体を侵襲してくる内外の敵，病原体を排除し，生体を守る「生体防御機構」です。免疫系は，十数種の免疫担当細胞がネットワークを組んで，直接的，間接的に協力しあって生体を守っているシステムです。外来異物である病原体を食べて，殺して，掃除する，好中球・単球・マクロファージで構成される，より原始的な免疫系である貪食細胞グループと，外敵と戦うごとに学習して，より強固になる比較的高等な免疫系であるリンパ球グループに分かれます。特に後者は，数百万種類の抗原に特異的に対応できる多様なレパートリーを用意できるしかけと，一度戦った抗原は忘れない記憶力

と，自分を攻撃しない識別力をもち，いくつかの免疫担当細胞が役割分担し，協力してチームを組むという複雑ですが，きわめて巧妙なしくみをもっています。すなわちリンパ球は骨髄で造血幹細胞から分化して，胸腺という学校で自己／非自己（敵・味方）の認識を十分習得して卒業したTリンパ球と，Tリンパ球と協力して抗体を作るBリンパ球に分かれていきます。

　例えば「はしか」に罹った場合，「はしか」の病原体である「はしか」ウイルスをマクロファージが貪食して，自己認識分子（主要組織適合抗原：HLA）とともに「はしか」ウイルス抗原分子をTリンパ球に提示します。Tリンパ球は自己認識分子を確認しつつ，「はしか」ウイルス抗原分子をキャッチして，「はしか」ウイルスという敵を知り，「はしか」ウイルス攻撃モードになります。「はしか」ウイルス攻撃モードに入ったTリンパ球は，広範囲のBリンパ球レパートリーの中から「はしか」ウイルス抗原攻撃に適したBリンパ球と協力して，「はしか」ウイルス攻撃用Bリンパ球軍を増やして，「はしか」ウイルス攻撃ミサイルである抗「はしか」抗体をBリンパ球に作らせます。「はしか」ウイルスに攻撃されて約2週間後，攻撃モードTリンパ球，Bリンパ球，抗「はしか」抗体（ミサイル）が生産され，「はしか」ウイルスは，抗体によって中和され，あるいは感染細胞ごとキラーT細胞（攻撃Tリンパ球の一種）により排除され，「はしか」という病気が治っていくのです。その経過中に，Tリンパ球，Bリンパ球の一部は長い寿命をもつ記憶型リンパ球となって生き残り，二度と「はしか」に罹らないようになります。これらのリンパ球はおもに，身体の至るところに張りめぐらされたリンパ管の要所，要所に，関所のように存在するリンパ節に駐屯し，リンパや血液中を流れて来る病原体をチェックしています。

　このように，リンパ球系とは，「はしか」からの攻撃を克服し，病気を終息させるとともに，「はしか」を学習して，二度と罹らないようにするしくみです。Tリンパ球が自分を学習する学校（卒業できるのは5％といわれる）である胸腺（中枢性免疫臓器）は，出生時に対体重比で最大となり，11歳～12歳で最大の重さ20～30gとなります（谷口 1985：100-109）。また，リンパ節や扁桃

腺など末梢性免疫臓器については，例えば扁桃アデノイドは4歳～6歳で最大重量に，腸間膜リンパ節・虫垂・パイエル板は12歳前後に重量的ピークとなります。成人の末梢血中リンパ球数は通常2000～3000/cmm ですが，1歳では6000～7000/cmm あります（駒田 2004）。保育園や小学校の健診で，扁桃肥大がよく指摘されるのもうなずけます。

　また抗体の主な要素である血中免疫グロブリンG（IgG）値は，10歳で成人値に達します（松岡 1986）。逆に言えば，生体を感染から護るリンパ系は12歳時ピーク（180％）になった後下降線をたどり，20歳以降は100％を割っていくのです。

　かつて，小児科医であり免疫の神様といわれた故R. A. Good は，「ヒトが種としてこの世でなすべき重大な役割が次の世代を残すことだとしたら，創造主はまさに，次の世代を作るのに最適になるように免疫系などをプログラムしている」と述べました。その説の真偽はともかくとして，リンパ系を見る限り，大人が成長の頂点ではなく，むしろ衰退期ということになります。実際，生体防御能が衰え，破綻しつつあるからこそ，成人に自己免疫疾患やがんが多くなるのだという考え方もあります。

　また，スキャモンが描いたのは免疫学が発展を遂げる以前のデータを基に，リンパ系免疫臓器の量的な成長を述べたものであり，免疫学的検証の結果，質的には免疫能も大人が頂点であるという可能性は否定できません。しかし少なくとも，リンパ系の成長曲線から，われわれが考えるべきことは「子どもが，決して未熟な発展途上の存在ではない」ということです。確かに「子どもはよく熱を出すし，よくかぜをひく」とお母さんたちの言い分が聞こえてきそうです。しかし思い出してほしい。よく熱を出すから，弱い子ではありません。免疫系が未熟なのではなく，先に説明したように，本来，免疫系とは病気に罹らないようにするしくみではなく（もちろん「はしか」などの終生免疫を成立させるしくみもあるが），罹ってしまった病気を重症化，遷延化させることなく，速やかに治すしくみなのです。生まれつき，免疫能に障害をもつ子どもたちは，かぜを引くとこじれやすく，肺炎や中耳炎を合併しやすいのが特徴です。よく

熱を出すのは，よく病原体を拾うからです。園や学校という集団生活の重大な欠点は，ヒトとヒトとの密集により，病原体が感染しやすいことであり，子どもたちがよく熱を出すのは，免疫能が未熟だからではなくて集団生活が大きな原因なのです。実際，保育園や小学校に入学した1〜2年間はよく熱を出しますが，3年目くらいから熱を出す頻度が減るという印象をもっている小児科医は少なくないはずです。

4）予防接種

　小児期の目覚ましい免疫系の成長を正しく理解し，われわれが考えて行うべき重要な問題は，予防接種です。免疫系の成長を利用して，すべての予防可能な疾患について予防接種を適切に行うべきです。また，子どもの病気の治療は，可能な限り，免疫系の成長を邪魔しないものであるべきでしょう。

5）アレルギー

　これまで，大人を凌駕する免疫系の成長が，感染の機会の多い子どもたちにとって，いかに重要であるか述べてきました。

　しかし免疫系の成長はいいことばかりなのでしょうか。すべて，ものには，表と裏，光と影があるように免疫系の目覚ましい成長にも裏の部分があります。それは「アレルギー」です。アレルギー反応は，からくりとしては，実は免疫反応と同一の反応なのです。ある生体反応がわれわれの身体を守ってくれるのではなく，結果としてわれわれの身体に障害を及ぼす場合，「免疫反応」を「アレルギー反応」と呼びます。

　アレルギーマーチという言葉があります。乳幼児期にアトピー性皮膚炎だった児が3歳過ぎになって皮膚炎は軽快したが一方で，喘息発作が出るようになり，思春期以降に喘息が消退するとアレルギー性鼻炎，アレルギー性結膜炎になるという現象を指します。免疫系が成長するということはアレルギーを起こすしくみもまた成長するということです。アレルギーを起こすかどうかは素因が重要な要素となっていますがアレルギーマーチの背景には免疫系の成長が密

接に関係していると思われます。

6）病気の好発年齢の不思議

　小児期の免疫系の成長が重大な要因と考えられる現象として「好発年齢」があります。小児科医にとって病気を診断する際に留意すべき重要な点は，患児の年齢です。病気にはおのおの，ある疾患に罹りやすい年齢と性がありますが，小児疾患では顕著なものが多くあります。

　例えば原因不明で，高熱が続き，発疹が出て，眼球結膜充血，苺舌，手足の硬性浮腫，リンパ節が腫れて，時に心臓の冠動脈に瘤や狭窄が合併する「川崎病」は，1歳が疾患年齢のピークで，患児の80％が3歳までに罹っています（柳川 1984）。また，免疫反応が発症に深く関係しているといわれる「溶血性連鎖球菌感染症」の晩期合併症である「急性糸球体腎炎」と「リウマチ熱」とでは，発症年齢のピークが異なっています（鉾之原 1982）。これらの背景には，免疫系の成長が大きくかかわっていると推定されますが，病因も含めて，いまだ解明されていません。

7）結　語

　以上，「子どもは未熟で発展途上だから……」という言葉について医学的に検討してきましたが，少なくともリンパ系については，決して発展途上でも未熟でもなく，まだ外敵に出会っていない「ナイーブ」な状態だが，防衛軍である免疫系の準備は十二分に整っていることを示しました。

　子どもの成長を正しく理解し，「子どもを正しく理解する」ことこそ，「子どもケア」の基本であると思います。

引用文献

　鉾之原昌（1982）「3　膠原病　リウマチ熱」小林登監修『図説臨床小児科講座14-1　免疫疾患［1］免疫不全・膠原病』メジカルビュー社，146-151頁。
　駒田美弘（2004）「血液および造血器疾患」五十嵐隆編『小児科学　改訂第9版』文光堂，653-696頁。

松岡宏（1986）「免疫グロブリン―血清免疫グロブリンの測定―」三河春樹・鳥居新平編『小児科MOOK41　検査よりみたアレルギー・免疫疾患』186-194頁。

Scammon: The measurement of the body in childhood, The measurement of man. University of Minessota Press. 1930. (from *Textbook of Pediatrics* 7 th ed. by W.E. Nelson,（W.B.Saunders Co.）1959)

谷口昂（1985）「1．発育と発達　免疫機能の発達」小林登監修『図説臨床小児科講座1　小児保健と学校保健』メジカルビュー社。

柳川洋ほか（1984）「川崎病の疫学像」『川崎病　小児医学』17(6)，910-925頁。

第5章
児童に対するケアマネジメント
――児童虐待を中心にして――

白澤政和

1 はじめに――子どもを取り巻く環境――

　2000（平成12）年に児童虐待の防止等に関する法律（以下、「児童虐待防止法」）が施行されましたが、にもかかわらず、その後さらに児童虐待が急増してきています。こうした虐待の背景には、家族が親族や地域社会から隔絶され、養育者に子育てに対する不安や子どもへの適切な養育対応が学習できないことが大きいと考えられます。実際に厚生労働省の統計によれば、2005（平成17）年度には、約3万4400件の虐待相談処理件数があり、法施行前の1999（平成11）年度の約1万1600件に比べて、約3倍になっています（図5-1）。また、法施行後の2000（平成12）年11月20日から2003（平成15）年6月30日までの間に125件の死亡事例が起こっています。
　このような状況にあって、児童の虐待や子育てに関する相談支援は、従来児童相談所を設置する都道府県や政令指定都市が中心となって行ってきましたが、こうした支援には、利用者に身近な市町村であれば、問題を発見することがより容易であり、かつ相談へも利用者がアクセスしやすく、地域内で支援体制がとりやすいことから、2004（平成16）年の児童福祉法の改正により、第10条で、市町村は利用者の相談に応じ必要な調査や指導を行うよう義務づけられました。この改正に伴って、同法第25条で、要保護児童等に関し関係者間で情報の交換と支援の協議を行う機関として「要保護児童対策地域協議会」を法的に位置づけ、全市町村に協議会の速やかな設置を目指すことになりました。

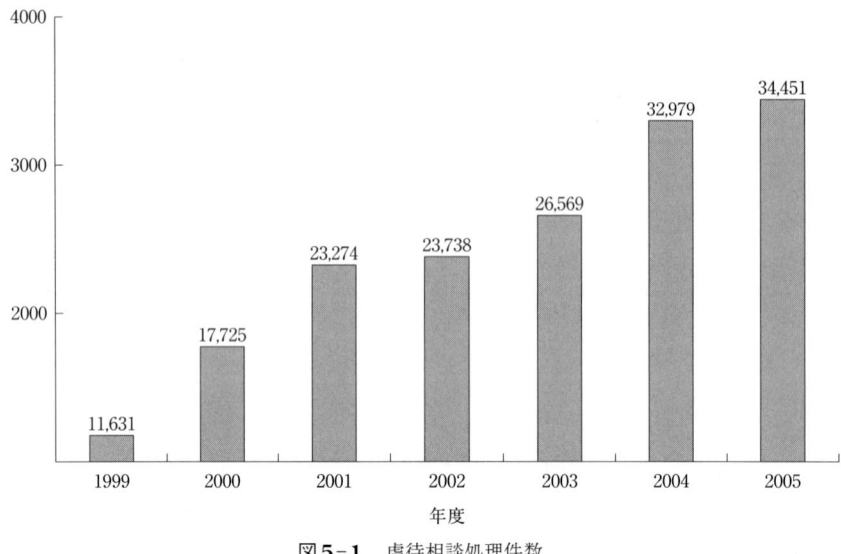

図5-1　虐待相談処理件数

（1999: 11,631／2000: 17,725／2001: 23,274／2002: 23,738／2003: 26,569／2004: 32,979／2005: 34,451）

　この協議会の設置主体は市町村ですが，ここでの協議事項としては，児童虐待や子育てについての情報交換や連携，児童虐待についての広報・啓発活動や研修事業，個別事例の進行管理等を実施することです。またこの協議会には，保育所，幼稚園，児童相談所，学校，児童養護施設，地域子育て支援センター，医療機関，警察，弁護士，民生児童委員等が参加することになります。要保護児童対策地域協議会が地域のネットワークとなることで，虐待を受けている子ども等の要保護児童の早期発見や適切な保護が図られ，関係機関が情報や考え方を共有し，適切な連携の下での対応が可能になるといえます。

　こうした考え方のベースには，1980（昭和55）年に高齢者領域で，在宅介護支援センターを中心としたケアマネジメントやそこでの高齢者サービス調整チームでネットワークづくりを進めていく手法を援用していることが読みとれます。そのため，本章では，ケアマネジメントにより，いかに児童虐待を中心として，要保護児童について，問題の発生予防，早期発見・早期対応，保護・支援，といった体制を作り上げていくかについて整理してみます。

2 ケアマネジメントとは何か

ケアマネジメントとは比較的新しい用語で，明確な定義が定着しているわけではありません（アメリカでは一般に「ケースマネジメント」と呼ばれていますが，本章中，引用文献で使われる場合以外は「ケアマネジメント」とします）。ケアマネジメントに関する調査研究の結果でも，「ケースマネジメントに共通するどんな定義も，また諸種のケースマネジメント・プログラムのうちで最高のモデルも存在しない」と述べています（Steinberg et al. 1983）。概略的な定義として，ジョンソン等は「ケースマネジメント・アプローチの基本原則は，一人のワーカーであるケースマネジャーが，クライエントと複雑なサービス供給システム（delivery system）を結び付け，クライエントが適切なサービスを利用できるよう確保する責任をもつこと」としています（Johnson et al. 1983：49）。また，パーカーは「クライエントのために，すべての援助活動を調整する（coordinate）手続き」としています（Parker 1987：20）。すなわち，ケアマネジメントの基本的要件は，クライエントと適切なサービスを接合することです。そのため，ケアマネジメントは対象者とサービスの接合サービス（linkage service），ないしは情報提供・送致サービス（information and referral service）を高度化させたもの，インテーク部門を独立強化したものとも理解することができます。ここでは，ケアマネジメントを，「対象者の社会生活上でのニーズを充足させるため適切な社会資源と結びつける手続きの総体」としておきます（白澤 1992：11）。

ケアマネジメントの内容は大きく4領域に分けられ，第1の領域は要援護者の諸種のニーズをアセスメントすることです。第2の領域は，アセスメントに基づき，要援護者と提供されるべきサービスや支援との連結を計画するケアプランの作成です。第3の領域は，ケアプランの実行であり，要援護者とサービスや支援が連結するように手配することになります。第4の領域は，要援護者とサービスの連結状況をモニタリング（監視）し，要援護者の変化等によって

表5-1 ケアマネジメントの内容

病院認定に関する合同委員会[1] (1976)	Leonard E. Gottesman et al.[2] (1979)	Abraham Monk[3] (1985)
①アセスメント――要援護者の現在のまた，潜在的な長所，短所，ニーズを決定	①要援護者の現在の機能に関する広範囲の基準化されたアセスメント	①信頼できる方法で，保健，心理社会的状況，経済，環境，社会的サポートの領域を含めた包括的アセスメント
②プランニング――求められている活動と連結するよう，個々の消費者に対して特定のサービス計画を開発	②明確化された要援護者の問題，達成されるべき目標，求められるサービスについて，ワーカーと要援護者間での合意による記述されたサービス計画	②記述されたサービス計画
③リンキング――個々人をフォーマルおよびインフォーマルなケア提供システムで求められているすべてのサービスに送致 ④アドボカシー――個々人のために公正を保護するよう取りなす	③計画されたサービスを手配する活動	③サービス・システムとの連結
⑤モニタリング――消費者の変化についての継続的な評価	④サービスが開始されたことの確認のためのフォローアップ ⑤要援護者の機能を再検討するための定期的な再評価と現状のニードに合致するケアプランやサービスへの変更	④ケースの再評価と定期的な間隔でのモニタリング ⑤計画の変更

注：1）Joint Commission on Accreditation of Hospitals, *Principles for Accreditation of Community Mental Health Service Programs*, Joint Commission on Accreditation of Hospitals, 1976.
2）Leonard E. Gottesman et al., "Service Management: Plan and Concept in Pennsylvania", *The Gerontologist*, Vol. 9, No. 4, 1979.
3）Abraham Monk, "The Practice of Community Social Work with the Aged", in Samuel H. Taylor(ed.), *Theory and Practice of Community Social Work*, Columbia University Press, 1985.

生じるニーズとサービスが合致しない場合に，再度アセスメントし，ケアプランの変更を図ることです（**表5-1**）。

　ケアマネジメントを構成する基本的要素としては，最低限，以下のものが必要です。平面的にケアマネジメントをとらえれば，それらの基本的要素は，①ケアマネジメントを必要とする要援護者，②要援護者のニーズを充足する社会資源，③ケアマネジメントを実施する機関に配置されているケアマネジャーです。さらにケアマネジメントを立体的に把捉すれば，④ケアマネジメントを実施していく過程が基本的要素に付け加わります。平面的にケアマネジメントの

第5章 児童に対するケアマネジメント

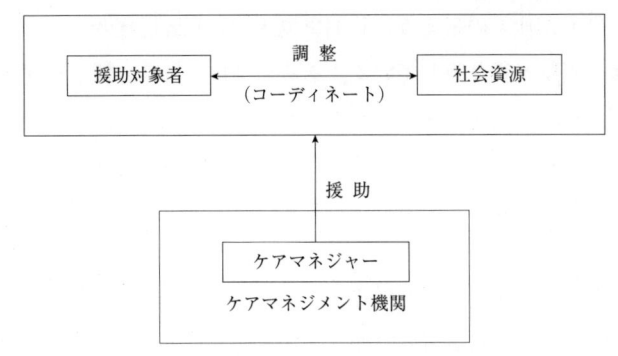

図5-2 ケアマネジメントの平面的構成要素

構成要素を図示すると，**図5-2**のようになります。

1）援助対象者

第1の要素であるケアマネジメント援助を必要とする対象者については，ニーズが重複していたり，ニーズが複雑なために，一つ以上の社会資源を必要としている人が第1の条件です。もう一方の条件としては，それらの社会資源の利用方法を知らない人です。以上のような特徴のある人の具体的な例としては，①〜⑬のような人々が考えられます（これらの特徴は，Steinberg et al. 1983：51-61, Gottesman et al. 1979：382を参照）。

① 複数の，または複雑な身体的・精神的不全（impairment）を抱えている要援護者
② 複数のサービスを必要としている，あるいは受けている要援護者
③ 施設入所が検討されている要援護者
④ サービスが十分に提供されていない要援護者
⑤ 受けているサービスが不適切である要援護者
⑥ 世話すべき家族員がいない，あるいは十分世話ができていない要援護者
⑦ 家族員のみでみている要援護者
⑧ 行政サービス以外のインフォーマルな支援（例えば，近隣やボランティア）を必要としている要援護者

⑨　行動や態度が他人の耐えうる範囲を越えている要援護者
⑩　何度も入退院を繰り返している，あるいは自分自身の健康管理ができない要援護者
⑪　自己の問題点やニーズについての判断力が曖昧な要援護者
⑫　金銭管理ができない，あるいは行政サービスを申請するのに手助けがいる要援護者
⑬　個人的な代弁者が必要な要援護者

　列挙されたこれらの対象者特性から，ケアマネジメントは高齢者や心身障害者といった長期のケアを必要としている人だけでなく，子育てに不安があったり，児童虐待のおそれがある家族，さらには児童虐待があった家族にも，適していると言えます。

2）社会資源

　ケアマネジメントの第2の要素である要援護者のニーズを充足する社会資源としては，広範囲なものが考えられます。社会資源を分類する一つの視点としては，誰がそうした社会資源を提供するかの供給主体から，分類することが可能です。これらには，家族成員，親せき，友人・同僚，近隣，ボランティアといったインフォーマル・セクター，行政・法人・企業などのフォーマル・セクターがあります。これら社会資源を図に示すと図5-3のようになります。こうしたさまざまな供給主体による社会資源を要援護者が活用し，それぞれの社会資源がもっている長所を生かしてニーズを満たすことがケアマネジメントの

企業	行政	（社会福祉医療）法人	地域の団体・組織	ボランティア	友人・同僚	近隣	親せき	家族
			自助団体					

図5-3　社会資源の分類

特徴の一つとされます。

　これらの社会資源以外に，要援護者本人の能力や資産といった内的資源をも活用することになります。そのために，社会資源としての公助と互助にあわせて，自助をも活用して，ケアマネジメントは進められます。

3）ケアマネジャー

　これらの社会資源と要援護者のニーズを調整し，それを実施するのが第3の要素であるケアマネジャーです。ケアマネジャーはできるかぎり専門家であることが望ましいのですが，従来は家族や本人がケアマネジメントを自ら行うことも多くありました。アメリカやカナダでは，主としてソーシャルワーカーや看護師がケアマネジャーになっています。スタインバーグらの調査によれば，アメリカ全土でのケアマネジャーの4分の3はソーシャルワーカーですが，残りの4分の1は看護師，保健師，OT（作業療法士）などで担われています（Steinberg et al. 1983 : 197）。また，カナダのブリティッシュ・コロンビア州の各地の保健部継続ケア課に配置されているケアマネジャーの圧倒的多数は保健師（看護師）であり，逆にソーシャルワーカーのほうが少数です。同じカナダでも，マニトバ州の保健部継続ケア課では，ソーシャルワーカーと保健師（看護師）がペアとなってケアマネジメントを行っています。保健師（看護師）は援助対象者の健康という視点から，ソーシャルワーカーは社会生活を支えるという観点から，ケアマネジメントを実施しています。また，イギリスでは，自治体のソーシャルサービス部において，ソーシャルワーカーが中心となりケアマネジメントを実施しています。理想的には，保健師やソーシャルワーカー等が複眼的な視点から協働で実施することが望ましいでしょう。このように，ケアマネジャーは，一人で実施する場合も，何人かの専門家によるチームアプローチで行う場合もあり，必ずしも職種が限定されているわけではありません。

```
    ┌─── ①入口
    │    ↓
    │    ②アセスメント
    │    ↓
    │ ┌→ ③ケース目標の設定とケアプランの作成
    │ │  ↓
    │ │  ④ケアプランの実施
    │ │  ↓
    │ │  ⑤要援護者およびケア提供状況についての
    │ │      監視およびフォローアップ
    │ │  ↓
    │ └─ ⑥再アセスメント
    │    ↓
    └──→ ⑦終結
```

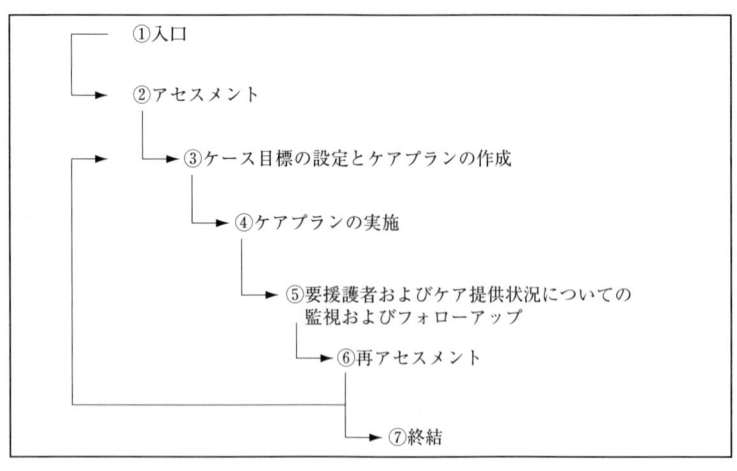

図5-4　ケアマネジメントの過程

3　ケアマネジメントの過程と原理

　平面的にとらえたケアマネジメントを時間的に展開していく要素がケアマネジメント過程です。これは，ケアマネジメントでの要援護者と社会資源を調整していく過程であるとも言えます。ケアマネジメントを過程の観点からみると，7つの局面で展開します。それは，①入口（entry）→②アセスメント→③ケース目標の設定とケアプランの作成→④ケアプランの実施→⑤要援護者およびケア提供状況についての監視およびフォローアップ→⑥再アセスメント→⑦終結，です。これを図に示すと，**図5-4**のようになります。このケアマネジメント過程に示されているように，今までなされてきたケアプランで要援護者の社会生活機能を維持できなくなれば，再度アセスメントに基づきケアプランの立て直しをしていく，循環している過程です。

1）入　口

　入口の段階では，主としてケースの発見，スクリーニング，インテークが行

われます。ケースの発見とは，ケアマネジャー自身によるアウト・リーチを含めて，要援護者をいかに早期に発見するかです。要援護者が自らケアマネジメント機関を探り当て，来所することはまれで，その結果，多くの要援護者は問題やニーズをもちながら，サービスの利用をあきらめたり，たらい回しにあうことが生じます。ただ，常時地域で生活しているわけではないケアマネジャーがこうしたすべての要援護者を自力で発見することは困難です。こうした場合は，自治会役員，民生・児童委員，開業医など地域住民からケアマネジメントが必要な要援護者を発見した際に，即刻連絡が入ってくる地域でのケース発見のシステムが必要です。同時に，病院を退院したり，児童養護施設や乳児院等の社会福祉施設を退所してくる要援護者についての円滑な地域生活に向けて，連絡・通報システムによるケース発見も重要です。そのために，ケアマネジャーないしはケアマネジメント機関は地域の自治会，民生委員協議会，医師会などとの連携システムを，また一方，病院や施設との連携システムを確立しておくことが求められます。

　スクリーニングは，複雑なニーズをもっている者にケアマネジメントを受けてもらったり，あるいは緊急のニーズをもっている者にはまずそのニーズに対応したり，単純なニーズ，例えば単に情報提供のみでケアマネジメントを受ける必要のない者に仕分けするといったことです。この際には，フェイスシートとなる用紙等を活用し，要援護者のケアマネジメントの必要度を理解し，より正確に要援護者を仕分けることになります。

　ケアマネジメント援助が必要な要援護者に対しては，ケアマネジメント援助の内容をやさしく詳しく説明し，要援護者がそうしたケアマネジメントを受けることの了解・契約を得ていくインテークも，この段階に含まれます。このインテークで，ケアマネジャーは少なくとも次のような3点を説明し，要援護者から理解を得なければなりません。

① 次のアセスメントの段階でプライバシーにもかかわる多くのことを尋ねるが，それは要援護者が望んでいる援助を一緒に考えるうえで必要不可欠な作業である。

② アセスメントの後で，在宅生活をするために必要なケアプランを一緒に作成し，実施していく。
③ 今後はケアマネジャーが常時相談にのることになり，ケアマネジャーが相談でのキー・パーソンとなる。

さらには，ここで話された内容については，要援護者からの了解なしに他の者には漏らさない守秘義務についても約束する。

アメリカ等での一部のケアマネジメント機関ではインフォームド・コンセント（詳しく説明し承諾を得ること）の用紙が用意されており，インテークの後に，要援護者とケアマネジャーの両者が今後一緒にケアマネジメントを進めることについて，了解し承認した署名をする場合があります。

2) アセスメント

第2段階のアセスメントは，要援護者を社会生活上の全体的な観点からとらえ，現時点での諸種の問題点やニーズを評価・査定することです。評価・査定方法には，フェイスシートのような定型化した質問項目一覧による場合と，定型化されていない面接技法のみにもとづく場合があり，両者の併用が可能です。定型化した用紙を利用できれば，アセスメントはルーティン化し，容易となります。しかしながら，たとえルーティン化が進もうが，ケアマネジャーは要援護者との信頼関係を確立しながらアセスメントを展開していかなければなりません。そのために，ケアマネジャーには対人関係についての技能や，要援護者に対する尊厳や要援護者との対等な関係といった価値観をもつことが求められます。

アセスメントの内容には，主として，現在の問題状況，身体的・精神的な健康状態，日常生活動作，心理・社会的機能，経済状況，要援護者の志気，価値観，および対人関係のもち方，家族・近隣・友人に関する情報，世帯構成，居住状況，要援護者の自助能力やプログラムに対する積極性，現に利用しているサービスやサポート，サービスの資格要件と関連する経済状況や居住場所等が含まれる。イギリス政府によるケアマネジャー向けの『ケアマネジメントとア

セスメント―実務者ガイド―』では，アセスメント項目として，次の15項目に分類しています。それらは，①個人の基本情報，②自己ケアの状態，③身体的健康，④精神的健康，⑤医療状況，⑥能力・態度・ライフスタイル，⑦人種・文化，⑧生活歴，⑨ケア提供者のニーズ，⑩ソーシャル・ネットワークの支援，⑪ケアサービスの状況，⑫住宅状況，⑬所得状況，⑭移送状況，⑮危機状況です（Department of Health 1992：58-59）。こうしたアセスメントを通して，社会生活上でどのような問題があるかを理解していくことになります。

3）ケース目標の設定とケアプランの作成

　第3段階は，要援護者と一緒に設定されるケース目標の設定とケアプランの作成です。まずケース目標は，単純な場合には施設入所か在宅か等の目標設定を含めて，どこでどのように生活していくかの目標を立てます。その際，要援護者側のニーズと当該地域が有している潜在的なケア能力に合わせた，解決見通しのつくケース目標が設定されなければなりません。

　ケアプランの作成は，各要援護者に即した個別化されたサービスとサポートのパッケージを準備・計画するものです。このケアプラン作成の基本原則としては，次の7点があげられます（Schneider 1988：16）。

① ケアプランは，前段階で実施された要援護者の包括的な機能的アセスメントに基づく。
② ケアプランには，要援護者ないしは家族成員などの代理人がその過程に参加する。
③ ケアプランは，前もって決められたケース目標に向けられる。
④ ケアプランは，永続的なものではなく，特定期間の計画である。
⑤ ケアプランには，フォーマルなサービスとインフォーマルなサポートの両方が含まれる。
⑥ ケアプランは，要援護者ないしは家族の負担額を意識して作成される。
⑦ ケアプランの内容は，定型化された計画用紙に文書化される。

　こうした原則をもとに，以下のような7段階の手順でケアプランの作成が行

表5-2　ケアプラン用紙

問題点・ニーズ	望ましい目標・結果	援助の種類	援助供給者	日／週	時間／日	承諾

われます (Schneider 1988：16-17)。

① 要援護者の社会生活上でのニーズないしは問題点がすべて一覧に示される。
② それぞれの社会生活上でのニーズや問題点について望ましい目標や結果が一覧に示される。
③ それぞれの望ましい目標や結果となるのに必要とされる援助の種類が一覧に示される。
④ それらの援助を提供してくれる供給主体が一覧に示される。
⑤ それらの援助について必要な場合は，時間数や回数が示される。
⑥ こうしたケアプランが進められた場合に要援護者ないしは家族の自己負担分がどの程度であるかを見積もる。
⑦ 要援護者ないしは家族から，作成されたケアプランについての了解を得る。

　一般に，表5-2のようなケアプラン用紙を使って実施すると容易です。まず，要援護者と一緒に「問題点・ニーズ」をアセスメント内容から抽出し，一覧にしていきます。次に個々の「問題点・ニーズ」それぞれについて「望ましい目標・結果」を示し，さらにそれらの目標・結果を具体化するそれぞれの「ケアプラン」を要援護者と一緒に決定していきます。

　こうした際に，問題点・ニーズ，望ましい目標・結果，具体的なケアプランについて，意見の不一致も多くみられます。ケアマネジャー，要援護者，要援護者の家族成員の間，ケース目標と現実のプログラム目標や当該地域社会の価

値観の間，要援護者を取り巻くサービス提供機関との間でも生じるでしょう。こうした場合，ケアマネジャーは合意の得られる妥当性のある問題点・ニーズの提示，望ましい目標・結果の設定，ケアプラン作成のために，さまざまな人々や機関と関係をもち，調整する役割があります。さらに，最適な解決法や代替案について要援護者と話し合いをします。アセスメントにもとづくサービス計画を円滑に進めるうえで，今後こうした用紙はいっそう重要性を増してくるものと予想されます。

4）ケアプランの実施

　第4段階は，要援護者が円滑に質のよいサービスやサポートを受けられるようケアプランを実施する段階です。ケアマネジャーは，サービスやサポートの提供主体とかかわりをもち，要援護者がサービス利用できるように働きかけます。この提供主体は，インフォーマルなサポートとフォーマルなサービスに区分され，前者には家族，親せき，友人，近隣，ボランティア，民生・児童委員，制度化していない自助団体等があります。後者には，行政，社会福祉法人，制度化した自助団体，地域の自主的な有償サービス提供団体，企業等があります。

　その際に，要援護者に関する情報を他機関や他者に伝えることの承諾を，要援護者や家族から得ておく必要があります。それは，要援護者から得た情報を，ケアマネジメント機関からサービスを提供してくれる機関や人に必要最低限の情報を伝えなければ，適切な支援を受けられないからです。そのため，要援護者の情報を他機関に提供することを承諾書としてとっておく場合もあります。こうした場合の承諾書には，要援護者の健康状態，経済状況，精神状態，各種サービス利用状況などの情報のうちで，要援護者にとって，開示されては絶対に困る情報があるのか，さらには情報提供承諾の期間は何年有効か等を明示することもできます。

　ケアプランを実施していくうえで計画していたサービスやサポートを受けることがどうしてもできない場合が生じます。そうした場合，要援護者の代弁や擁護を通じてケアマネジャーは努力しますが，それでも不可能な場合には，要

```
┌─────────────────────────────────────────────────────┐
│              ケアプラン管理用紙                      │
│   相談者名                                           │
│                    作成日　平成　　年　　月　　日    │
│  ┌──────────┬──┬──┬──┬──┬──┬──┬──┐                  │
│  │基本サービス│月│火│水│木│金│土│日│                │
│  ├──────────┼──┼──┼──┼──┼──┼──┼──┤                  │
│  │早朝      │  │  │  │  │  │  │  │                  │
│  │朝食      │  │  │  │  │  │  │  │                  │
│  │午前      │  │  │  │  │  │  │  │                  │
│  │昼食      │  │  │  │  │  │  │  │                  │
│  │午後      │  │  │  │  │  │  │  │                  │
│  │夕食      │  │  │  │  │  │  │  │                  │
│  │夜間      │  │  │  │  │  │  │  │                  │
│  └──────────┴──┴──┴──┴──┴──┴──┴──┘                  │
│  その他のサービス：                                  │
│                                                     │
│  健康関連：                                          │
│  交通手段：                                          │
│  経済面：                                            │
│  社会・生活／精神面：                                │
│                                                     │
│  注意事項：                                          │
│  次のことに特に注意してフォローアップすること：      │
└─────────────────────────────────────────────────────┘
```

図5-5　ケアプラン管理表

援護者と一緒にケアプランを一部修正することになります。

　ケアプランが実施された時点で，いくつかの用紙に要援護者の社会資源利用状況が整理されます。それらは，まずは1週間または1カ月を単位にして要援護者のサービス利用のスケジュールを示したケアプラン管理表，個々のサービス提供者のサービス内容や頻度を整理したサービス記録表が作成されます。ここでは，ケアプラン管理表の一つのモデルを図5-5に示しておきます。

5）監視およびフォローアップ

　第5段階は要援護者およびケア提供状況についての監視およびフォローアップですが，まずは，ケアプランのもとで各種のサービスやサポートが円滑に開始されたかどうかの点検・確認を行います。さらに，この段階でケアマネジャーは2つの側面での役割があります。一つは，要援護者自身の身体状態，心理状態，環境状態の変化によってニーズが変化していないかを監視し，継続的にチェックすることです。もう一つは，ケアを提供している者が適切な内容のケアを継続しているかどうかをチェックすることです。フォローアップの頻度は高いほうが望ましいのは当然ですが，特に要援護者の機能面での変化が激しい場合には，より頻繁にフォローアップを実施しなければなりません。フォローアップの頻度については要援護者の状況により個別的なものになります。監視については，ケアマネジャー自身が行う方法と，要援護者に常時にかかわっている者から情報を得る方法が中心となります。

　こうした定期的なフォローアップなどで新たな問題状況が明らかになれば，第6段階の再アセスメントを行います。また，サービス提供者から要援護者や社会状況に変化が生じて，ニーズが充足できていないとの情報を得た場合にも，再アセスメントを実施します。こうして，要援護者の社会生活上のニーズが充足できず，生活上の困難が生じていることが明らかになった場合は，第3段階のケース目標の設定とケアプランの作成に戻り，ケアマネジメント過程の循環を繰り返すことになります。なお，監視やフォローアップにおいて，ケアプランが今後も順調に実施・継続され，要援護者が社会生活を将来も問題なく維持していくことが確認できれば，終結となります。なお終結の際には，要援護者が必要な場合には相談に来所できるような関係を維持しておき，再来所への配慮をしておく必要があります。

4　ケアマネジメントでの援助原理

　ケアマネジメント過程を順に追って説明してきましたが，これらのどの段階

を強調するかにより個々のケアマネジメントの内容に違いが生じてきます。あるケアマネジメントではケース発見に力点が置かれたり，あるいは，ケアプランを作成し実施することに焦点を当てるケアマネジメントもあれば，ケアプランの作成に眼目を置くケアマネジメントもあります。

　ここでは，ケアマネジメントがとらえる援助の目的や焦点を明らかにすることで，ケアマネジメントでの援助原理を示してみます（白澤 1996：103-105参照）。

1）ケアマネジメント援助の目的

　ケアマネジメントはサービス利用者の立場から生活を支援するために形成されてきたものですが，これが財源抑制のために使われる場合があります。例えば，アメリカでは，それをマネイジド・ケアと呼び，民間医療保険内の給付を限定しての，あるいはメディケイド（低所得者を対象に医療扶助を行う公的医療保障制度）での一定金額内でのケアマネジメントがそれです。このようにケアマネジメントは諸刃の剣の側面をもっており，本来の意味である利用者の立場からケアマネジメントの目的や視点を確認し，実践することが求められます。

　ケアマネジメントは，本来は地域で生活をする要援護者の自立を促進することを目標にしています。この"自立"とはどのようなことを意味しているのでしょうか。自立は，いままでさまざまな観点から考えられてきました。例えば生活保護における自立では経済的自立が考えられ，身体障害者の自立には，身体的なADL（日常生活動作）を高めることでの自立が考えられてきました。それであれば，生活保護を受けていれば，また重度の身体障害者には自立がありえないことになります。最近は，自立を広くとらえ，「自分の人生を自分で責任をもって決定していくこと」といった考え方が強くなってきました。その結果，たとえ生活保護制度に頼りながらでも，あるいはADLが十分でなくとも，自立は可能であり，仮にさまざまな社会資源に頼ることでも自立が可能となると考えられるようになってきました。

　自らの生き方を自分で決めていく，すなわち自己決定していくことに，自立

の本来の意味があります。それは，"経済モデル"での生活保護からの自立でも，"医学モデル"での身体的自立でもありません。その人が生活を自分で方向づけていくという意味で，"生活モデル"での自立ということになります。ケアマネジメントの目的は，そのような意味での自立を支えることにあり，要援護者の自立支援はケアマネジメント実践を通じて可能となります。

　具体的にケアマネジメント過程で考えてみると，要援護者と一緒にケアプランを作成し実施していくことによって，さまざまな社会資源と結びつくことができます。その際に，要援護者あるいはその家族との共同作業プロセスにおいて，最終的にケアプランを了解していくのは要援護者や家族であり，ケアマネジャーは本人や家族がケアプランを決定していく過程を"支援する人"にほかなりません。したがって，ケアマネジャーがもたなければならない価値として，「要援護者の自己決定」という原則が生じます。自己決定という原則があるからこそ，先に述べたように，ケアマネジメントは要援護者の自立を支援していくことができるともいえます。

2）ケアマネジメント援助での焦点

　ケアマネジメントでは，要援護者の「生活を援助する」。ここでとらえる生活とは，いったいどういうことを意味するのでしょうか。生活にはさまざまな側面があります。例えば健康上の問題，雇用の問題，住宅の問題，ケアの問題，あるいは教育の問題……これらそれぞれの側面から生活をとらえることもできます。ケアマネジメントではこれらの問題に対して，以下の4つの観点に焦点をあてます。

　第1は，生活の問題を"全体性"からとらえる。現実の生活上の問題は，健康の状況，住宅の状況，ケア提供者の状況等がお互い密接に関連しあって生活全体に波及しているという認識のもとでニーズをとらえ，解決の方法を考えていきます。

　第2は，生活の"個別性"という観点です。健康の状況，住宅の状況，ケア提供者の状況等が相互に関係しているということは，生活の問題をステレオタ

イプに把握しケアプランをたてることは不可能です。個々人の生活問題はさまざまな状況での力動的な相互関係のなかで，他の人とは異なる個別の生活問題なりニードを形成しており，それに合わせたケアプランを作成していかなければなりません。その意味では，生活の個別性という観点が必要です。

　第3は，生活の"継続性"という観点です。要援護者の現時点での健康の状況，住宅の状況，ケア提供者の状況等は，過去の生活とのかかわりで生じており，また将来に継続していくものとしてとらえることができます。それゆえ，いかに生活問題なりニードが変質し，さらにはケアプランがどう変わるかの観点が必要です。過去の状況が現在にどういう影響を与え，さらには将来にわたってどう影響していくかを見通す，生活の連続性の視点でとらえることになります。

　第4は，生活の"地域性"という観点です。地域で生活をしていく場合に，健康の状況，住宅の状況，ケア提供者の状況等の，生活問題なりニードのとらえ方，問題の解決方法であるケアプランのたて方はそれぞれの地域の特性によって異なってきます。例えば，医療機関が充実しているかどうか，ケアを受けられるだけの社会資源があるかどうか，あるいはサービスの利用に対して権利性のもてる地域社会になっているのかどうかといった地域の特性の違いが，生活問題なりニード把捉において違いを引き起こし，ひいては作成されるケアプランが異なってくるのです。

　ケアマネジャーが，生活の全体性，個別性，継続性，地域性を踏まえた生活者に焦点をあてた支援を実施することによって，ケアマネジメントは「生活障害をニーズとする」ことになります。これは従来の医療等の専門職がとらえてきたニーズのとらえ方とは，やや趣が違っています。

　ここでの「生活障害」のとらえ方は，要援護者の身体状況が原因で問題が生じているという因果論ではなく，要援護者の身体状況，心理状況，社会状況がいかに関連し合って問題が生じているかです。すなわち，要援護者である人と環境との相互連関性のもとで生活問題をとらえることです。さらに，生活障害では，要援護者の身体状況，心理状況，社会状況でのマイナス状況だけでなく，

プラス状況もとらえ，支援していくことになります。具体的には，要援護者のもっている強さや良さを活かした支援を行っていくことになります。

　以上，最も大切なことは，ケアマネジメントはこれまで述べたようなさまざまなファクターが「いかに関連しあっているか」という力動的な観点に立って，生活障害としてのニーズをとらえ，要援護者が自ら責任をもって決定していくことを側面的に支援していくことです。その際の生活のさまざまな側面を力動的な観点でみるということは，「生活の全体的・個別的・継続的・地域的観点に立つ」ということを具体化したものです。こうした観点に立つからこそ，要援護者の生活上での自立を支え，生活の質を高めるということが可能になると言えます。

5　児童領域でのケアマネジメント

　日本の児童領域では，高齢者や障害者領域に比べてケアマネジメントを導入し活用する志向性がやや弱いようです。この理由を，森望（2000：66-67）は，以下の4点に求めています。

① 在宅サービスが制度的にも，量的にも少ない。
② 児童養育支援は生活全体の支援であるため，施設サービスに重点が置かれる。
③ 問題が深刻化してからの援助が多く，施設入所の選択肢しか残っていない。
④ 動機づけの弱い場合が多く，フォーマルな社会資源に限定されがちである。

　しかしながら，逆にこうした理由こそが，児童領域でケアマネジメントを必要にさせているといえます。①については，「鶏と卵の関係」ですが，ケアマネジメントが実施されることにより，生活ニーズが充足できないことから，新たにサービスがメニュー的・量的に確保できるようになります。②については，まさに生活全体の支援であるからこそ，地域で生活をするためにケアマネジメントを必要としているといえます。③の問題については，ケアマネジメント機能の一部を構成するケース発見システムをいかに確立するかであり，そのこと

もケアマネジメントの一部であります。④については，問題解決の動機づけを高めていくこともケアマネジメントの機能である以上，ケアマネジメントの重要性が理解できます。

このように，児童領域でのケアマネジメントの発展が不可欠であり，森自身も指摘しているように，その必要性が明らかになり，最近ケアマネジメントの考え方が導入されてきました（森 2000：67-71）。

本章では，ケアマネジメントという用語を使っていますが，児童福祉分野ではケースマネージメントという用語を使って，1996（平成8）年度に児童虐待ケースマネージメントモデル事業が全国8道府県市で実施されています。1997（平成9）年6月の児童福祉法の改正以降は，児童領域でも公的用語としてケアマネジメントが使われるようになってきました。

1）児童領域でのケアマネジメント事例

ここでは，ある子育て支援センターでのケアマネジメント事例をもとにして，ケアマネジメントの実際を理解してみます。

【事　例】

第二子を出産した母親Aさん（27歳）は，その子どもが未熟児であったこともあり，また，長女は第二子出産時以降，指しゃぶりが始まり，母親や生れたばかりの次女への暴力もみられることがあり，育児不安を抱いています。夫は銀行勤めのサラリーマンであり，帰宅はさほど早くありません。Aさんは，平日，近所の夫の実家の商売（食堂）を手伝いに，昼の時間だけ行っています。保育所の長女の担当保育士は，長女が最近元気がなく，指しゃぶりが激しくなっていること，さらに少しつねられた跡があることから，母親と会うために自宅に出向き，話し合い，また長女とのかかわりを深めることでケアマネジメントを実施しました。担当保育士がケアマネジャーになり，母親との話し合いの結果，2人の子どもをどのように育てていけばよいかの不安が強いことがわかり，こうした不安を解消し，2人の子どもが健全に成長することをケース目標として，以下のようなケアプランを作成し，実施しました。

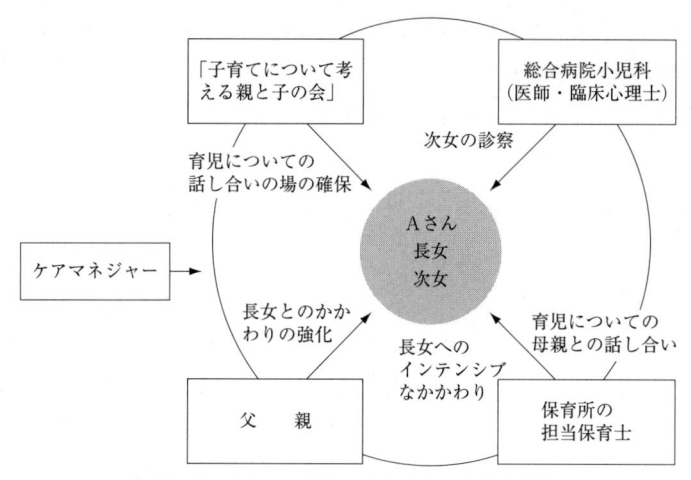

図5-6 Aさん，長女，次女を支える社会資源

① Aさんは特に次女の子育てに不安であるが，相談する人もいないため，Aさんが育児にかかわる話が気軽にできるよう，週1回，同世代の子どもをもつ母親が集まる「子育てについて考える親と子の会」を紹介し，参加する。また担当保育士が，相談相手となるため，定期的に家庭訪問をする。

② Aさんは次女の成長について不安であり，専門的な相談の機関をもてておらず，次女の成長についての理解を深めるために，身体的・心理的な治療をしてくれる総合病院の小児科を紹介し，2カ月に1回の通院とする。

③ Aさんは次女に手がかかり，長女は母親とのかかわりに不安をもっているため，長女の精神的安定を得るために，担当保育士が当分のあいだ，できる限り1対1の関係をもつように努め，長女の気持ちを受容することとする。また，父親にも，母親や長女の状況を理解してもらい，土曜日と日曜日には長女とかかわる時間を長くもつように依頼をする。

ケアプランはAさんと担当保育士が一緒に作成したものですが，その結果，図5-6のような社会資源がAさん，長女，次女を支えることになりました。

この事例は，養育不安家庭を対象としたケアマネジメントですが，これ以外の多くの児童領域でもケアマネジメントの活用が考えられます。それら対象者

を整理すると，以下のようなものが代表的な対象として考えられるでしょう。
① 被虐待児童とその家族
② 入所から退所後までの児童養護施設入所児童
③ 子育て不安家庭
④ 入所から退所後までの児童自立支援センター入所児童
⑤ 母子自立支援センター入所者

　これらの内で，制度的にケアマネジメントという用語がごく最近使われ，モデル的な実践が一部始められつつあります。

　①の児童虐待については，児童相談所をケアマネジメント機関として位置づけ，1996（平成8）年度のモデル事業以降ケアマネジメント実践が進められようとしています。1998（平成10）年3月末日付けの「児童相談所運営指針」改正では，児童相談所は児童虐待への対応において中核的な役割を担っていることから，地域における関係機関の会議を積極的に開催し，情報収集を行い，必要な助言・調整を行うことにより，ケアマネジメントの機関になるよう位置づけています。このように，児童虐待については，被虐待児とその家族を対象として，ケアマネジメントが実施されることになります。

　②の児童養護施設入所児童についても，その援助にはケアマネジメントの観点が必要であると言明されています。具体的には，1998（平成10）年3月の児童家庭局家庭福祉課長通知の「児童養護施設等における入所者の自立支援計画について」に示されています。児童の自立支援を図っていくために，入所から退所後までを継続的に，関係機関との連携に基づき，児童自身の意向を踏まえて，評価（アセスメント），意向聴取，計画，実践，再評価（再アセスメント）という自立支援計画の作成・実施を求めています。

　さらに，児童福祉法改正により1998（平成10）年に新たに創設された児童家庭支援センターでは，養護施設等の専門スタッフが施設入所は要しないが継続的な指導が必要な児童や家庭に対して，児童相談所の指導措置委託に基づきケアマネジメントを実施することになります。

　この援助は，アメリカでのパーマネンシー・プランニングの考え方と共通し

ています。パーメネンシー・プランニングは里親に委託されている児童について、他の養育者との継続的な関係を提供するために、計画性をもって活動を実行していくことです。ここでは、ケースのアセスメントに始まり、プランニング、サービス提供、さらにはケース・レビューといわれるモニタリングを行い、最終的には一定期間後に児童の永続的な (permanent) 生活場所を決定することになります (林 1991：99-110参照)。これは、児童養護についていえば、入所時点での対応ですが、それ以外に、施設退所時においても、ケアマネジメント援助は不可欠となっています。具体的には援助計画の作成と実施、計画の再評価、関係機関との連絡・調整と役割分担を機能としています。

③の子育て不安については、全国の保育所に設置されている「子育て支援センター」で養育不安をもっている家庭でのケアマネジメントが実施されることになっています。前述のケアマネジメント事例は、まさに子育て支援センターでの支援事例でした。

④の児童自立支援センター入所児童や⑤の母子自立支援センター入所者についても、同様の手法で、ケアマネジメントが展開できるものと考えられます。このことにより、入所児童や家族の自立支援を果たすことができます。

2）児童領域でのケアマネジメント過程の特徴と課題——被虐待児童の場合

児童領域でのケアマネジメント過程の特徴を、被虐待児童とその家族への支援に焦点を当てて検討し、個々の段階での課題を抽出することにします。

① 入口

入口には、ケース発見、スクリーニング、インテークの業務があります。被虐待児童の場合には、ケース発見が難しく、ケアマネジメント機関に情報が入手できるような地域社会の中でのシステム化が求められます。そのため、児童相談所や市町村、さらには子育て支援センターがケアマネジメント機関になるとしても、そこまでいかに繋げていくかの課題をもっています。「児童虐待防止法」には、教職員、施設職員、医師、保健師等は早期発見に努め、速やかに通告することが明示されています。さらに、2004 (平成16) 年の児童福祉法改

正で示された「要保護児童対策地域協議会」においては，地域の児童にかかわる機関や団体が参加することになりますが，ここの参加機関・団体がケース発見を担うことが有効です。ケース発見での個々の専門機関の対応としては，虐待リスクの可能性をチェックすることになりますが，本人や家族の状況についてアセスメントすることで，虐待の事実や可能性を査定できるスクリーニング用紙の開発も今後不可欠となります。

　さらには，ケアマネジメント機関が発見した児童について，虐待されているかどうかのチェックをし，ケアマネジメントが必要かどうか，さらには緊急対応のレベルについての仕分け（スクリーニング）が求められます。

　そこで，虐待事実が明らかであれば，被虐待児やその家族とケアマネジメントの開始を約束するインテークを実施することになります。しかし，多くの場合，こうした約束を家族と結ぶことが困難です。緊急度の高い場合には，児童の生命の安全を確保する観点から，強制的な関わりも必要ですが，さらに緊急度が高い場合には，この時点で，親と児童を分離して，一時保護を行うことで，まずは児童の生命の安全を確保します。この際に，親から強い拒否があるなどした場合は，警察官の援助を求めることができることになっています。

　②　アセスメント

　ここで，アセスメントを行い，被虐待児やその家族の生活実態を把握します。ただし，緊急対応が求められているにもかかわらず面接調査を拒否する場合には，「児童虐待防止法」にのっとり，民生委員や職員が立入調査をし，実態を把握します。ここでのアセスメントでは，被虐待児や親の身体機能的な状態・精神心理的な状況，被虐待児や家族の社会環境状況を明らかにし，家族全体の生活状況を把握することです。そのため，アセスメントのツール（道具）として，被虐待児を対象とするアセスメント用紙の開発が求められます。

　③　ケース目標の設定とケアプランの作成

　アセスメントで収集された資料をもとに，児童の心身の安全を前提にして，児童福祉施設の入所や里親委託といった母子分離か，母子分離ではあるが将来帰宅させるのか，あるいは在宅指導にするのか等について決定します。これが

ケース目標の設定であり，最終的には被虐待児童や家族からもその目標について同意を得る必要があります。

さらに，いずれのケース目標を設定したとしても，今後被虐待児が単に虐待を受けないようにするだけでなく，心身の成長や人格の形成が損なわれないかを配慮して，ケアプランが作成されることになります。具体的には，在宅指導であれば，家族内でどのような問題やニーズがあるかを明らかにし，関係機関・団体や地域住民が役割分担して，問題やニーズの解決を目指すことになります。

ここでは，「要保護児童対策地域協議会」が活用できることになります。一般に，こうした協議会は「実務者会議」と「代表者会議」に分けられますが，個々の事例についてのケース目標の設定やケアプランの作成については前者で実施されます。ケアマネジャーとして児童相談所職員，市町村職員，子育て支援センター職員のいずれかがアセスメントからケアプランの作成までの一連の過程を踏んでいたとしても，事例に関与する全員がチームで支援していく以上，こうした会議で被虐待児やその家族の状況についてケース目標やケアプランの作成について協議し，メンバー間での共通認識と相互の役割分担について確認しておくことが重要です。なお，「要保護児童対策地域協議会」で話し合いをすることについて，利用者側からの了解を得ることが必要です。

④　ケアプランの実施

こうして作成されたケアプランに基づいて，多くの社会資源が被虐待児とその家族をチームで支援していきます。その際に，キー・パーソンとして，児童相談所職員，市町村職員，子育て支援センター職員であるケアマネジャーがケアプランの実行を進めていくことになります。

⑤　モニタリング

ケアマネジャーは，定期的に家庭訪問し，ケアプランのもとで安定した生活が確保できているかどうかのモニターを行います。この頻度はリスクの程度により異なってきます。この際にケアマネジャーは，虐待行為の有無だけでなく，被虐待児やその家族全体での身体状態や心理状態の変化を把握するとともに，

支援している関係機関・団体や地域住民が適切に対応しているかどうかも把握します。なお，再度のリスクの発見はケアマネジャーだけによるのではなく，他の支援している社会資源からも連絡が入るような地域のシステムにしておく必要があります。ここで，問題やニーズに変化が生じており，リスクが高くなることが予想された場合には，再度アセスメントに戻っていきます。同時に，親子分離が必要と判断した場合は，直ちに一時保護を実施することになります。

6 児童領域でのケアマネジメントの将来

　児童領域では，今後ケアマネジメントが活発に展開されることが予想されます。一般にケアマネジメントが成立する条件として，優秀なケアマネジャーが育成されていること，さらにはケアマネジメントを可能にする地域システムができあがっていることの，2つが必要とされています。

　前者のケアマネジャーの育成については，どこがケアマネジメント機関になるのかも含めて議論されなければなりません。前述の144頁に示した①から⑤の対象者によっても適切なケアマネジャーは異なってくることが考えられます。児童相談所の職員，市町村の福祉セクションの職員，家庭児童相談室の職員，個々の保育所や児童養護施設等の児童福祉施設の職員等が考えられますが，ケアマネジャーとしての専門性が確保しやすい職員がこうした業務を担当することが妥当です。同時に，ケアマネジメント機関はケース発見や機関間での連携を進めていく上で，地域住民に身近な者であることが求められます。

　後者のケアマネジメントを可能にする地域システムとしては，以下の要素を内包していることが必要となります。
① ケースを早期に発見するシステム
② ケアプランを一体的・総合的に実施するシステム
③ 利用者を継続的にモニターし，必要な場合に対応していくシステム
④ サービス等の社会資源を修正したり，新たに作り出すシステム
以上のような対応が，児童福祉領域でのケアマネジメントを活性化させていく

ための条件であるといえます。

引用文献

Department of Health(1992)Care Management and Assessment: Practitioners' Guide.
Gottesman, Leonard E. et al.(1979)"Service Management-Plan and Concept in Pensylvania" *The Gerontologyst.* vol. 19. No. 4.
林浩康(1991)「要養護児童のパーマネンシーの保障に向けて」,『児童・家庭相談所紀要』第8号, 大阪市立大学生活科学部児童・家庭相談所.
Johnson, Peter and Allen Rubin(1983)"Case Management in Mental health: A Social Work Domain?" *Social Work* vol. 28. No. 1.
森望(2000)「児童問題とケアマネジメント」, 竹内孝仁・白澤政和・橋本泰子編『ケアマネジメント講座第2巻 ケアマネジメントの実践と展開』中央法規出版.
Parker, Robert(1987)*Social Work Dictionary*. National Association of Social Workers.
Schneider, Barbara(1988)"Care Planning: The Core of Case Management". *Generations* vol. XII No. 5.
白澤政和(1992)『ケースマネージメントの理論と実際』中央法規出版.
白澤政和(1996)「ケアマネジメントの基本的な考え方—公的介護保険との関係を含めて—」『訪問看護と介護』vol 1. No. 5. 医学書院.
Steinberg, Raymond M. and Genevieve W. Carter(1983)*Case Management and the Eldery*. Lexington Books, P.X.

第6章
《鼎談》生きる力を育てるこころの教育

河合隼雄　小林登
司会：井形昭弘

　いま「こころの教育」の本質が問われています。「少子化」や「核家族化」「情報化」などのキーワードで表現される現代，子どもを取り巻く環境において，さまざまな問題が起きています。加えて，幼保一体型の総合施設の創設，保育カウンセラー制度の検討，延長保育・休日保育の推進，地域子育て支援センターの整備など保育を取り巻く環境も，大きく変化しています。そんな中，保育士・幼稚園教諭や養護教諭など，子どもの健全な発達を支えるスペシャリストへのニーズが高まり，多方面から子どもに関するケアを求める声が上がっています。
　こうした状況を踏まえ，文化庁長官（当時）の河合隼雄先生，日本子ども学会代表・小林登先生，名古屋学芸大学・井形昭弘学長の三氏に，「生きる力を育てるこころの教育」というテーマで，論じていただきました（2005年2月16日）。

子どもの心を読み取り豊かなインタラクション

小林　●子どもにかかわる職業の人には，子どもの心を読み取る力が必要だと思います。最近の流行で言えば，「心の理論」というのかな。子どもの心を読み取った上で，ふれあい豊かなインタラクション（相互作用）も必要です。例えば，いい子でないと「そんなことしちゃだめだよ」と頭を撫でるのも入るし，目と目の触れ合いもあるし，言葉のコミュニケーションもある。そういうもの全部含めたインタラクションというのが非常に重要じゃないかなと思うんですね。それは理論も必要だけど，やはり体験がないといけない。

河合　●子どもはいっぱいメッセージを出しているんです。「メッセージを出

●河合隼雄 氏

しているのに，大人たちに読み取る力がないんですね。先日，中学校と高等学校が一緒になったところへ講演に行きました。僕は理屈はよう話さないので，僕が中学時代や高校時代の思い出をしゃべったんですよ。そしたらみんな非常に喜んでくれて，講演の後も質問の手がいっぱい挙がるんですよ。ぱっと一番最初に当てたら，「こんなこと聞いていいですか。長官は月給はいくらもらってますか」と来たんです。担任の先生は，「おおっ，何聞くねん」と驚いている。で僕は「月にこのくらい貰っていて」と答えたんですが，ふっと「月給だけでなくてもっと聞きたいことがあるんちゃう？」と言ったら，その子がポツリポツリと話し出したんです。

彼が言うには，自分の家はお医者さんでお父さんが亡くなった。周囲のみんなには，後を継いで医者になれと言われている。しかし自分は医者になりたくない。そうすると彼は，医者にならんでも頑張ったらどのくらい月給貰えるのかが知りたかった。「みんなが医者になれと言うけど，自分が自分の道を行くとはどういうことか」ということを聞きたいけど，それを言わんと月給だけ聞いたわけです。僕はピンときて，まだ言いたいことがあるんだろうと思って，水を向けた。それで彼がその話をしたので，なんで彼がそんなことを聞いたのか，みんなにすごくわかるし，担任の先生もほっとした様子でした。でも，あの時にあれだけで終わっちゃったら，「馬鹿なこと聞いて」となりますよね。話をちゃんと聞いていたから，思っていることがよくわかってきた。これも「心の対話」の一つだと思います。

教えるのではなく育てる関心をもって見守る大切さ

井形 ●河合先生は，教育というのは教えるという部分もあるけど，育てるということが大切であると，日頃から述べていらっしゃいますね。

河合　●はい。教育という字は「教」と「育」に分けることができます。教え育てることですが、教育する立場から考えると、「教える」ことに重点が置かれ、「育てる」ことが軽視されてきたように思います。教師は使命感からどうしても教えることに熱心になってしまいますが、もっと「育てる」「育つ」という面から考えることが大切なのです。「育てる」ということは、本当にいい言葉ですが、どうも教えることが好きな人が多過ぎるのではないでしょうか。「教師」ばかりで、「育師」がいないのです。

　子どもを育てる、さらに言えば、子どもが育つという面もあることを忘れてはいけません。特に個性や「生きる力」は、自ら育っていくところが大きいのです。しかし、育つといっても何にもしないで育つはずはありません。育つための基盤が必要です。生きる力が育っていくための「土壌」として親や教師が存在するのです。つまり、「安心して好きなことができる」環境ということ。「あの先生が居てくれる」というだけで、子どもたちが心をはずませて好きなことができる。その中で、子どもたちの生きる力は、間違いなく育っていくのです。

　個性を伸ばすのは、教えられることじゃない。個性を大事にしようと思ったら、ちょっと教えるのをやめて、待っていなければならない。子どもの傍にいて、関心をもって見守ってくれる人がいることが、子どもの自己実現の力が育つ要件なのです。でも、みんなに好きなことをさせて見ていることは、エネルギーがいります。育つのを見守るのは難しいですよ。つい手出しをしたくなってしまう。あるいは教えたくなってきます。

　例えば、幼稚園でちょっと喧嘩が始まるでしょ。ぱっと飛んでいって「何をしてるの、仲良くしなさい」と言ったら、先生らしいですよね。でも、本当の先生は「やってるな」と喧嘩を見ているのです。喧嘩が収まらなかったら行くけれども、ちょっとくらい泣いても、収まる限りは、見ていて何もしないのです。下手な先生ほど、あれこれするんです。せっかく子どもが喧嘩の仕方とか、仲直りの仕方を学んでいるのに、その機会を先生が奪ってしまっている。そういうことが先生も親も多過ぎますね。見守るということは、本当はものすごく

難しいことですね。

　そして，見守るというのは，見守る側が育っていかないといけない。そして，見守っていると子どもに教えられます。「ああなるほど」「うーん」とかこっちが感心させられることがあるわけです。だから，見守っていると成長していかざるをえない。しかし，教えるのは，成長しなくていいんです。決まったことをいつも教えていればいいんですから。

　子どもの場合，特に幼稚園や保育園はまさにそのとおりで，育てる方が大事なんですね。先生方も育てる方に意識があるんでしょう。これは保育園と幼稚園の大変に良いところですね。小学校に入ると先生も「教えよう！」と思うから，かえってダメなんです。

　教師ばかりで育師がいない。そういう点，幼稚園や保育園は先生方も最初から教える意識をもたないからいいですね。しかし，育てる価値，意味というのをうまく言わないと，何も教えていないんじゃないかと言う親がいます。だからちゃんと言わないといけません。

子ども学の確立を目指して多分野の人が学際的に研究

小林　●子どもを「育てる」ということを考えた場合，折に触れて話し合うとか，そういうことが重要なんだと思います。イリングウォースというイギリスの小児科医が，世界的にいい意味，悪い意味で名を成した人が子どもの時にどうだったかということを調べて，ウィーンの国際小児科学会の特別講演で発表したんです。

　彼の発表によると，要するにいい大人も悪い大人も，子どもの時にいい子だった子もいるし，悪い子だった子もいるからそれは予言できない。しかし，一つだけ言えるのは，いい人になった大人は，子どもの時にどんな変わった子であっても必ずその子どもを理解する人がいた，ということ。それは多くの場合，親やおじさんのような身近な存在の人。アインシュタインの場合は，それがおじさんだった。何回受けても試験に通らないのに，あいつは頭のいい子だ，

大丈夫だとサポートしたんですね。それと学校の先生も重要だと思うんですね。その子どもを本当に理解するような心をもった人がいれば、いかなる荒波も乗り越えて育っていくものなんですね。

井形　●小林先生は日本子ども学会の代表をされていますが、学会を立ち上げた経緯をお話しください。

小林　●真夜中まで眠らない子ども、長時間TVゲームにはまってしまう子ども、ファーストフードで育つ子ども、TVの残虐シーンに魅せられる子ども、人間らしい触れ合いの希薄な子どもなど、現代の子どもの諸問題の多くは、人工的な成育環境が少なからず影響しています。そのような子どもたちの体の成長や心の発達を支えていくためには、従来の子育てや教育の考え方による対応だけでは難しくなってきています。

●小林　登氏

　そのために私たちは、既存の学問領域にとらわれず学際的な交流を図りながら、新たな智恵を創出していきたいと考えています。特に子どもの生命の仕組みや生態系について考える生物学的な視点は必要不可欠なものと言えるでしょう。

　そうした考えから、「日本子ども学会（Japanese Society of Child Science）」を設立しました。学会の目的は「子ども学（Child Science）」の確立です。この学問はまだ生まれたばかりですが、子どもに関心をもつあらゆる研究者や実践者が、それぞれに背負っている学問体系あるいは職業を互いに尊重しつつ、自由に話し合いをすることで、よりよい社会を未来に向けて作り上げていこうと考えています。現代の複雑な子ども問題を解決していくには、多様な才能が協力しあう開かれたネットワークが必要になります。テーマごとに適切なメンバーが集まって課題の解決に当たる、そんな柔軟な姿勢を確立するためにも「子ども学」のような総合的な知のつながりは、きわめて重要なんですね。そして、既存の組織とも連携を図りながら、学会での成果を子育てや教育の現場へと返していき、子どもたちの健やかな成育環境づくりに寄与していきたいと思いま

す。

　子どもの心と体の健康には，やはり「医学」という人間生物学的視点が一番重要なわけですよね。そこを「小児科学」を超えて，あえて「子ども学」という発想にしたのはなぜかというと，子ども学というと，小児科の先生がいる匂いがしない。教育学者の匂いもしない。心理学者の匂いもしない。それが良かったんだと思うんですよ。つまり，みんなが平等に参画して話し合う学会なんですね。それぞれの学問を背負っている人が子ども学会でディスカッションに参加してくだされば，必ず自分の学問に役立つアイディアをもって帰れますよと，そういう学会にしたいと思って作ったんですよ。

子ども学は文理融合科学　優しさだけでは解決できない

井形　●子ども学とは，わかりやすく言うと，どういう学問のことですか。
小林　●大学には人間科学部というものがありますね。人間科学は"Human Science"です。簡単に言うと，「子ども学／Child Science」は人間科学の子ども版です。大人と子どもの違いはどこにあるかといえば，子どもは年齢に応じた成長と発達という明確な心身の変化があるということだと思います。"「子ども学」は文系か理系か？"という疑問はあると思いますが，その両方というよりも，自然科学と人文科学の協力で誕生する新たな人間科学，文理融合科学の一つとして，今後確立していくものと思われます。

　私は今，厚生労働省の仕事で子ども虹情報研修センターという児童虐待に対応する研修センターにいるんですよ。急増する子どもの虐待に対応するため，児童相談所や養護施設などの職員を研修して，そのレベルを上げるために，厚生労働省が横浜市を介して福祉法人に依託した国立民営の施設です。同時にこの施設は，虐待に関する情報も集め，整理して，より良い対応をする役割も担っています。これも子どもの心に関係があります。そこで，戦後60年あまりの歴史を調べてみると，子どもの問題は，いつの時代もあったんですね。古くは人身売買にはじまり，家庭内暴力，いじめ，不登校，児童虐待，最近ではキ

レる少年，殺人など。やはり，子どもの問題は子どもに対する「優しいまなざし」だけでは解決できない。優しいまなざしとともに，このような大学での研究，もちろん脳科学のような難しい研究も重要ですけど，もっと身近な研究も含めて，集めて整理してどうやったらいいかということを科学的に判断して，よりよい生活環境を作るという責任があると思いますね。

「言わず語らず」が通用しない　子育てを根本から考える必要性

井形　●河合先生は「心の問題」が専門領域ですね。文部科学省でも，子どもたちの「生きる力」を育てる重要性を強調しておられますが，「生きる力」についてはどのようにお考えですか。

河合　●教育において，子どもたちの「生きる力」が強調されるようになっています。しかし，人間誰しも生きる力をもっているはずで，そんなことわざわざ言わなくてもいいのでは，とも思われますよね。このように強調しなくてはならなくなったのは，やはり日本の現在の家庭や社会などの状況のためであることを，まず認識しなければなりません。

　日本の家庭教育というのは，大体「言わず語らず」にうまくできていたわけですよ。そんなに表立てしなくても大体物が少ないから分け与えるし，お父さんの働く姿を見れるし，みんな友達が集まってきて一緒にいるとか言い出すと，考えてみると，いちいち親が家庭教育とか言わなくても全部うまくいくシステムを日本はもっていたと思う。しかし，それが今は完全に壊れたわけですよ。孤立になったわけですよ。そして食べる物は今言われたように栄養はどうか知らないけど，量としたらいくらでもありますよね。おいしいもの食べるんなら，勝手に食べたりできるわけでしょ。

　だから，生活がころっと変わったということは，家庭の躾とか家庭教育の機会が，ものすごく弱くなっているんですね。このことにみんな気が付いてないわけです。それと，考え方が家中心から個人主義に変わってきましたけど，個人主義に変わった時にどう育てるかなんて，みんな考えていないわけですよね。

子どもは勝手に個室に入って好きな事をやっている。そういうことがあったりして，子育てということを根本的に考え直さなくてはいけない状況に来ています。

井形　●昔はおふくろの味というものがあったし，まさに家庭で栄養教育をしておったわけですよ。ところがそこへファーストフードの工業化された画一な味の食品が入ってくるとみんなそこへ行ってしまった。本来，日本食は海外から評価が高いんですよ。日本食は抗酸化力の強い多彩な食材を用いていて健康的だからです。外国人は「ヘルシーな日本食にしましょう」と言って，お寿司なんかを食べるようになったんですね。

子育ては母親だけの仕事じゃない　今こそチーム子育ての現代版を

小林　●やはり心の発達という問題を考えていけば，家庭教育，母親の教育ということになるんですね。「三つ子の魂百まで」という言葉がありますよね。あれは江戸時代に出たというんだから，200年以上の歴史があるんですよね。それに準ずるような言葉を世界中に探した人がいます。80くらいあったそうです。たとえばヨーロッパには「赤ん坊の時に哺乳瓶で飲んだ知識は一生続く」とか，エジプトにも「赤ん坊の脳は石に刻むようなものだ」という言葉があるんですが，その中に「母親」という言葉は一つも出てこなかったんです。

　それはなぜなんだろうと考えた時に，昔は，数世代の大家族だからお母さんが一人で育てるということはなかったんですよ。あの当時，粉ミルクがあったわけではないから，母親のおっぱいがなくては育たなかったわけです。とはいえ，お母さんが育てていたんだけど，みんなが取り巻いていて，おかあさんが仕事をしに畑に行くと言ったら，おばあちゃんやおばちゃんが代わりにするという，いわばチームで子育てをしていたんです。ですから核家族化となった今，「チーム子育て」の現代版を作らなくてはいけないと思うんです。それには保育士は重要な役割を果たします。お母さん，保育士，隣のおばちゃんたち，そういう人たちをうまくコーディネートしてやっていく。それによって，人生は

第6章 生きる力を育てるこころの教育

平和であるとか，親は僕をかわいいと思っているんだという心理学でいうところの「ベーシックトラスト」（基本的信頼）ができ上がれば，うまく機能していくと思います。それができていないから，今いろいろな問題が出てくるのです。

かつて母性原理が強かった日本　核家族化で急に揺らいでいる

井形　●河合先生は，子育てや教育の問題を「母性原理」と「父性原理」という考え方からとらえていらっしゃいますね。

河合　●「父性原理」は善と悪とを区別する原理に立っているのに対して，「母性原理」は善悪の区別よりも全体が包まれて一体になっていくことを原理にしています。子どもを育てるのは母性的原理も父性的原理も両方いるんですけど，日本はもともと母性原理が非常に強い国だったのが，欧米文化を輸入している間に，「個」を大切にしようという考え方，つまり父性原理も随分入ってきて，核家族化が進み，地域や共同体も揺らいできています。小林先生がおっしゃったようにみんながおばあちゃんみたいにやっていたのが急に揺らいできた。今度は個人主義ということになると，個人がしっかりしなくてはいかんということで，父性原理が発生しますね。ところがその時に母性原理も両方大事なんだけど，核家族化したりして急に変わってくると，今までみんな上手にやっていたことが急に壊れて，そして子どもが不安に陥るとか，そういう現象が増えているんじゃないですかね。

それと，もう一つ。今は科学技術が発達しているので，何でもすべてうまいこといく，子どもも上手に育てたらうまくいくと思い過ぎているんです。でも実際は，子どもは泣くのは当たり前でしょう，おばあちゃんから言わしたら。ところが，お母さんは自分が悪いんじゃないかと思うんですね，自分のやり方が。そこまでならいいんですが，今度は子どもに腹が立ってくる，自分が悪いんじゃないかという気持ちが子どもの方にいってバーンと叩いてしまう。そして，叩いたら泣くから，よけい腹が立ってくるという悪循環に陥ってしまう。子どもが憎いとかはないんだけど，やってるうちにどうなってるかわからなくなってしまう。そういうのを大きい目で見てる人っていないでしょう。小林先生がおっしゃるように，保育の先生とか，近所のおばちゃんとかみんなでチームを組んだら，「そんなぐらいのことやるで」とか「子どもは泣くもんやで」とか言ってくれるだけで随分気持ちが楽になると思いますよ。

今はとにかく子育てに関する相談というのがものすごく多いですね。今までだったら，相談役をおばあちゃんとか近所のおばちゃんとかが全部やってくれたわけでしょう。それが全部ないわけだから，どういう時に怒ったらいいのか，そのまま放っておいたらいいのか，そういう相談がいっぱいあります。

21世紀は心の時代になるよう，夢をもって楽しく学び遊んでほしい

井形 ●高齢者の話題を申し上げると，2000年に介護保険を導入した時は，それまで家族の責任だった介護が介護保険によって社会化され，地域介護ということで地域全体が面倒みましょうとなった。子どもの問題も同じ傾向をとっているんじゃないでしょうか。

小林 ●昔はそういうふうに，自然に地域，社会，コミュニティが頑張っていたわけですよ。

井形 ●小林先生は学会のスローガンに「心の問題」を取り入れていらっしゃいますね。

小林 ●はい。これからの時代，未来は，必ず良い時代になると，私は思いま

す。実際にはなかなか難しいかもしれないけれど,少なくとも私はそのように子どもたちには,強く言いたい。

　また,いい時代になるように,子どもたちには夢をもってもらいたい。その夢はどんな夢でもいい。ノーベル賞をもらえるような偉大な科学者になろうという夢でもいいし,イチロー選手のようにアメリカの大リーグで活躍する野球選手になるという夢でもいい。自分に合った大きな夢をもって,それを目指して,楽しく勉強し,楽しく遊び,毎日が生きがいのある日にしてもらいたいと思います。

　20世紀は科学技術の時代で,豊かな社会を作りましたが,その影響でいろいろな問題が出てきました。たとえば,お金がありさえすればいいとか,物をもってさえいればいいという考え方の問題ばかりでなく,環境汚染・温暖化そして生活廃棄物から産業廃棄物の山の問題,また戦争やテロリズムなど,人間のさまざまな行動にも直接または間接に影響を与えて,いろいろな問題が現れてきました。

　21世紀は「心」の時代,やはり人間の時代にしなければなりません。そのためには人間の心を大切にすることを学ばなければいけないと思うのです。みんなで仲よく共に生きる,みんなで考えてものを作る,自然との共生だけでなく異文化の人とも共に生きていく,そういうことを考える「心」をもたなければいけない。私がいろいろと子どもたちのために研究や実践活動を行っているのも,やはり心を育てたいと願っているからです。育児や保育や教育というのは,子どもの心を育てることが,一番大きな目的なんじゃないかと思いますからね。

心のケアは人間関係から始まる　生命に感動の機会をつくること

井形　●最近,心のケアが特に大きな問題になっているんですが,その辺に関しては河合先生はいかがですか。

河合　●「心のケア」の問題が大きく取り沙汰されるようになったのは,阪神・淡路大震災の時からです。つい最近では新潟・中越地震の時もそうですが,

ボランティアの人が新聞やニュースを見て「被災地の人は心に傷をもって大変だ，なんとか助けなければならない」と避難所にやってきて「何か心配事はありませんか」「震災の体験を話してください」と御用聞きみたいな調子で話しかけているという話です。聞かれる方はいきなりやってきて突然そんなこと聞かれても，腹が立つだけです。PTSD（心的外傷後ストレス障害）という言葉も有名になりました。こういう言葉を覚えてしまうと，誰かが「震災の後，物音がするとすぐ目が覚めるようになった」なんて言うと，つい「それはPTSDですよ」と言ったりする人がいますが，簡単にPTSDだとかレッテルを貼っても何の解決にもなりません。人の話を聞いてPTSDだと言ってみることが「心のケア」だと思ったら大間違いですよ。

　心のケアの場合も，大事なことはケアをする人とされる人との人間関係が非常に土台になるんですね。それを忘れて「こうしたらこうなる」というふうに考えてやられると，かえって迷惑みたいなことが多いんですね。新潟中越地震の時でもあったんですけど，ボランティアの人が行って「地震でお困りでしょう。絵を描きなさい」とか言うわけですよ。僕に言わせたら，絵を描いてもらうくらいなら雪かきをせい。そっちのほうがよほどいいんですよ。そういう土台に人間関係があるということを忘れないでほしいですね。

小林　●心のケアは生命に感動する機会を作ること。ですから心のケアは人によってそれぞれ違います。それこそ，盆踊りでもいいし，カラオケでもいいし，子どもだったら子どもの好きなこと，サッカーでもいいかもしれないですね。

線を通した上で後は自由　個性を伸ばす上のルール

井形　●子どもは無限の可能性をもって生まれてきています。個性がどんどん伸びようとしている時にどのように対処していいのか，お母さんは迷ってしまうというのが現状でしょう。個性は伸ばしてあげたいが，かといってみんなと一緒のことをやらないと母親としての務めを果たしてないというような気持ちにもなって，どうしたらいいのかわからなくなる。そう考えると，子どもの教

育の問題は根が深いですね。日本の未来を託すのは子どもですから，そういう意味では社会全体が子どもの問題を考えていかないといけない時代ですね。

河合 ●個性を育てる時に，私の考えでは，まず基本的躾みたいなものがなきゃいけないんですよ。たとえば，夜は8時に寝なさいとか，それをちゃんとやった上で後は自由ということ。何でも自由というのは訳がわからなくなって，勝手ばかりするわけでしょう。だからその時に「うちの家はこれとこれとこれはだめだ」というルールをつくって線を通す。線を通した後は，自由ということなんです。

　これをわからない人がいます。極端な話でこの間聞いてびっくりしたんですけど，いわゆる援助交際をしている女子高校生がいて，それが担任の先生にわかって，その女の子を怒ったわけですよ。女の子は泣いて家へ帰ってしまって，お母さんが学校に来て，校長先生に「この学校は個性を大事にしているんでしょ。頭のいい子は勉強で頑張って，うちの子は美貌で頑張っているんだ。どこが悪い」というわけですよ。校長先生は困ってしまって……。ちゃんと線を通していないから，かえってうやむやになってしまう。何が個性かわからなくなる。それで一本の線を通すということが大切なんです。これは幼稚園でも保育園でも同じだと思いますよ。ここは線を通す。ただし，それはどのくらいの線をどのくらいもってくるか，これが難しいんですが。

　今まで日本は細か過ぎたんですよ，ソックスの色は白とか，スカートが何センチとか。そこまでやる必要はないけど，どの線を通すか，これは研究に値すると思っています。

小林 ●個性に関して聞かれた時に，僕が一番最初に考えるのは，遺伝子の多様性。人間というのは遺伝子が作った生存機械のようなものですから，多様なわけですよ。みんな違っている。なぜそういう違っているような生き物としての人間が作られなきゃならなかったか。やはり文化と関わり合いですよね。それぞれの子どもがもっている個性を伸ばす工夫をするということは，やはりその子どもが興味をもてるものを探すということで，それで文化が成り立つんですね。

「子育ては憶測ばかり」とよく言われています。エビデンスベース（科学的根拠）はないと。アメリカのある心理学者が子育てに関する論文で，ハーバード大学の心理学者・ミラー教授の名前がついたミラー賞を受賞しました。実は，彼女はハーバードの学生時代に自分が同じ論旨の論文を書いた時，こんなの学位をやれないと言われたんです。ところが，結婚して子育てをしてアカデミックなところからいったん離れて，彼女は一生懸命自分なりに専門書も読み始めて，子育てもしてみた上で研究し調べてみたら，やはり根拠があるのは，友達との付き合いだと確信し，それでもう一度論文にまとめ直したのです。それによると，子どもの性格などの発達には友達との交友関係が一番大きな影響があるということです。実は，親の責任だと言い出したのは戦後のことなんですってね。

河合　●確かに，どんなことでも親の責任みたいなことを言うのは，間違っていますよ。それで親が非常に苦しんで，腹が立つ分，子どもに怒るから。僕は思うんだけど，そういう意味のエビデンスベース，法則なんていうのは，おそらくないと思うんです。これほど個性が関係してくることはないですね。

子どもの能力は褒めて伸ばす　子どもには遊びと学びは同じ

井形　●小林先生も「能力は褒めて伸ばす」ということを述べていらっしゃったでしょう。

小林　●そうです。勉強が好きな子に育てるには，褒めることです。学校の試験が60点のテストをもって帰って来た時でも，お母さんは「何よ，60点？」などといってはダメなんです。「あ〜，よくできたね。じゃ，この次は70点を取ろうね」というような会話で，子どもをやさしく勇気づける。そうすると，「60点が取れた！」「70点が取れた！」という喜びを体験できるじゃないですか。褒めて育てることが，僕は重要だと思いますね。人間の脳を見ると，生命を司る脳，本能や情動を司る脳，それから新しい知性の脳と3つあります。本能や情動を働かせることも，知性を働かせることも，両方とも脳の発達に重要

なんですね。ですから，子どもたちには「遊ぶ喜び」や「学ぶ喜び」，それから「生きる喜び」がいっぱいになるような「教育の場」をデザインしないといけないんじゃないかと，僕は教育関係の人にはよく言っています。

　赤ん坊の時は，遊びと学びは一緒ですよ。それがだんだん学校へ行ったら分けるんですよね。もちろん分けなきゃいけない部分はあると思うんだけど，そこで研究をしてデザインする，学びの遊び化，遊びの学び化，そういう発想が必要であると思っているんです。

● 井形昭弘 氏

子どもの心身をトータルにケア　養護教諭の果たす役割にも注目

井形　●今巷で大きな問題になっている不登校に関しては，いかがですか。
小林　●不登校の対応には正解はない。こういう問題に対してケアをする人材は，数多くのケーススタディを踏まえたさまざまな知識をもっていないと対処できません。教師は，学びを，まず楽しくデザインすること。
河合　●それとやはり人間関係でしょうね。人間関係を作る能力というか，ぱっと子どもに会った時に関係ができないといけませんから。だから養護教諭の方はみんなそうですけど，養護の知識ももってるけど，子どもが見た時に「この先生は話せるな」という感じがあるかないかが一番大きいですね。
井形　●学校の保健室は，病気やケガの治療や衛生面の指導だけでなく，「こころ」のケアも重要な役割の一つになっていますね。摂食障害，友人関係の悩み，いじめなどさまざまな問題に対応するため，心身両面に関する専門的な知識が欠かせません。そこで私ども名古屋学芸大学のヒューマンケア学部の養護教諭を養成する子どもケア専攻では，身体のケアに関する知識・技術とともに，心理面のカウンセリングも習得していくことで，心身をトータルにケアする「保健室の先生」を育成することを目指しています。

河合　●不登校に関連して，いじめの問題も，さっきの遊びの話ではないですけど，遊びの中で社会勉強しているんですね。遊びに勉強が混じったり，仕事が入ったりするところが，子どもの遊びのいいところですが，遊びの本来の良さである自由な表現というところを忘れてしまって，大人が子どもに遊びという「勉強」を押しつけてくると，遊びの大切さは壊れてしまいます。このごろは社会勉強が足りないわけですよ。いじめというのはどのくらいやったらいいというのがわからなくなってきた。昔もみんなやっていたわけですけど，適当にいじめたりいじめられたりしながら適当なところでやめた。今はやりだしたら止まらない。下手すると小学校の時，いじめの体験が何もないまま，中学生になって急にやりだしたり。遊びが社会勉強になっているということをもっと強調していいと思います。幼稚園なら，遊んでいる間にけんかしても子ども同士仲直りしたりしていますよ。それを子どもが少ないと，大人が介入し過ぎるんですね。

小林　●少子化だから一人っ子が多くなっている。社会性を養う場が少なくなっている。自分以外がすべて大人という環境に育つ人が多くなっていますね。

幼保一体型議論の解決策は　乳児期と幼児期の二本立て

河合　●以前，スイスで生活していたことがあり，その時，息子がスイスの幼稚園に行っていたんですよ。面白かったのは幼稚園に子どもが来るでしょう。先生が「何をしたい」と言うんですよ。ブランコがしたいと言えば，ブランコへ行きなさいと言う。たとえブランコが二つしかないとしても，ブランコに行きたい子が何人いても先生は平気で何人でもブランコへ行かすんです。強制しないで，そこで話し合いをしたり，けんかをしているのを先生は見ているんです。その時にブランコは二人にして後は積み木にしなさいと言わないんです。そうしながらあまりひどくなったら介入する。それ以外はどんどん子どもにやらせていく。まさに先程の「関心をもって見守る」好例ですね。

井形　●今，幼稚園と保育園を一緒にしようという議論も時代の流れのように

思いますが，それについて先生方はどう思われますか。

河合 ●これはだんだん解決していくんじゃないですか。言ってみれば，文部科学省に属しているのか，厚生労働省に属しているのかの違いだけ。やっていることをだんだん近づけていけばいいと思います。

小林 ●幼稚園の歴史はお茶の水女子大学から始まっていて100年以上あり，簡単に一元化できないなとも思いますが，議論を深めていけば基本的には幼保一元化に関しては垣根が低くなると思います。僕が思うに，赤ちゃんの時，つまり2，3歳までは保育園，それから後は幼稚園と保育園の一体型にすればいいと思います。つまり保育機能を充実させた乳児期の部分，幼保一体型の幼児期の部分の二本立てにして，義務教育につなげていけばいいんじゃないかなと思います。

子育てに万能な方法なし　今「みの教育」を考える

井形 ●未来を担う子どもたちのために，私たちができることは何でしょうか？　社会全体が変わっていきつつありますから，その中でいろいろ試行錯誤をしてやっていくことになると思いますが，子どもに優しい社会づくりというのは，具体的にはどういうことなんでしょうかね。

河合 ●まずは，何もかも親が悪いという言い方をみんなやめることじゃないですかね。子どもは非常に大事なんだから社会全体で育てようとしている。今までは大家族的にやってきて，それが核家族になったわけですけど，父親と母親だけでやれというのは大変なことなので，それを地域や社会でサポートしていくことが大切です。それからもう一つ。上手な方法があって，それをやったらうまくいくという誤解はやめてほしい，子どもを育てるのはそんなに簡単な一般法則はないということをまず認識してほしい。子育てには，上手な方法があってそれですべてが上手くいくなんてことはありえません。そんな万能な方法などないんです。

　日本語には，「み」という不思議な言葉があります。本来は体を表すために

使われる言葉「身」ですが，実に多くの意味を内包しています。「身内」「身に染みる」「身に付く」などいろいろな用語を調べていくと，「み」がカバーする範囲の広さが実感できます。そう考えると要は日本語の「み」という語は人間の存在全体のいろいろな側面を内包しているものであり，それは単純に「身体」と「精神」といった明確な区別がないのです。ですから，「みの教育」という観点から考えてみるのも一つの方法だと思います。子ども時代は小林先生も言われたように遊びも学びも一緒，身も心も一緒です。保育や幼児教育の場でこそ，人間全体として「み」についたものにするということを考えたらいいと思います。

小林 ●人間の脳の中で，生まれた時から発達しているのは運動を司る機能と感覚です。特に視覚，聴覚，触覚も，もちろん生まれた時から機能しています。胎児・新生児から見ていくと脳というのは，感覚から得た情報を処理して体を動かすシステムをまず発動させて，生きていると僕は思うんですよね。身を動かす仕組みというのは，胎児の時からあるわけですよね。続いて，心が発達するという意味から考えても，身と心は切り離してみるべきではないし，むしろ体を動かすということを中心に考えていった方がいいんじゃないかな。ですから，声を出して読むということも，体を扱っているわけだし，運動をするというのもいいと思います。

追記：本章は，中西学園報編纂委員会「Napre」（名古屋学芸大学ヒューマンケア学部子どもケア学科開設記念特集号）に掲載の鼎談を再録したものです。なお，河合隼雄先生は，2007年7月に逝去されました。慎んでご冥福をお祈り申し上げます。

あ と が き

1）ヒューマンケア学部設置の経緯

　激動を続ける現代の世界において社会は急激に変化しています。特にわが国では一方では経済発展に伴う社会の変化が大きく，その適応が迫られている中，子ども，高齢者，障害者など弱者を取り巻く環境も大きく変化し，以前には考えられなかったようなさまざまな課題に直面しています。そこでは従来の経験や考え方では対処できない問題が生まれており，子ども，高齢者，障害者などに関与するさまざまなシステムの中で，これらに対応できるより高度な専門性と知識，能力をもった人材を育成することが急務となっています。名古屋学芸大学開学の基盤となった愛知女子短期大学では開学当初から養護教諭をはじめ，子どもケアの視点から有為な人材を育成してきており，特に本短大出身の養護教諭は県下の養護教諭の大半を占めており，それらの先輩からも養護教諭育成充実と4年制への昇格が強く要請されていました。

　この背景を受けて本学では，子どもを身体的・心理的な面を含め全ての側面からケアすることが人間援助ととらえ，社会の要請に応じる研究を推進し，かつ人材を育成する学部を創設することを目指しました。

　そこでは人間援助の場をライフステージごとに対応させ，それぞれのステージにおいて活躍する人材育成を目指し，子ども全体を対象として子どもケア専攻，幼児保育専攻とに分け，高齢者を対象とした学科を次の目標としました。

　子どもケア専攻はまず乳幼児から学童，さらに高校までの生徒を子どもととらえ，すべての子どもをあらゆる面から，研究活動を介して健全な成長，発達および社会化を支援します。具体的には保育学，保健医学，栄養学，看護学，社会福祉学，心理学，養護学の7領域の専門知識をもち，子どもの世話，管理，介護および保育，教育活動を行う人間愛に満ちた研究を推進し，高度専門職能をもつ人材の育成を目指しています。

　幼児保育専攻では学童以前の乳児，幼児を対象に，乳幼児期の子どもケアに

関する十分な知識をもち，従来の保育士養成を越えて，医療，介護，看護，栄養，心理，福祉分野にも十分な専門知識と能力をもった人材育成に努めます。一方，子どもケア専攻は特に学童から中，高校生までの子どもを対象として心身ケアに関する研究を推進し，高度の知識と技術をもち，児童福祉にかかわる施設や教育機関で活躍できる人材の育成を図り，具体的には学校教育の場での養護教諭の養成を目指します。

2）子どもケアにかかわる高度の知識を有する人材の育成

今日の社会はかつて予想できなかった程の変化に直面しており，子どもを取り巻くさまざまな問題が山積しているのに鑑み，学童期における子どもの健康状態に適切に対応し，不登校やいじめの問題など「心の支援」を担当する力が求められています。さらに家庭，学校，地域との連携の担い手としての役割も重要です。子どもケア学科ではこのような理解に立ち学校保健，看護学，心理学に重点をおいた研究，教育を行い，より高度な知識，技能，カウンセリングマインドをもち，児童福祉や学校教育の現場で幅広く活躍できる人材を育成します。この背景には本学の前身である愛知短期大学出身の2,000名を越す養護教諭の活動があります。

3）4年制大学での保育士育成

エンゼルプランや緊急保育対策等5か年事業では，保育施設における低年齢児受け入れ枠の拡大，延長保育，休日保育，乳幼児健康支援一時預りの推進，地域子育て支援センターにおける在宅児を含めた子育て支援などさまざまな子育て支援サービスの充実が推進され，現在もなお子ども・子育て応援プランでのとりくみがなされています。それと同時に保育士養成のあり方も変わってきました。

指定保育士養成施設の90%を占める2年制の短大，専門学校では3年制さらに4年制への移行が時代の流れになりつつあり，このことは従来の保育士に一段と専門性の高い資質が求められている証拠でもあります。本学の子どもケア

あとがき

専攻もこの時代の要請に応えるものです。

　認定こども園が設置されるなど，保育園と幼稚園との一元化は時代の流れでさらに進むと予想されていますが，これには保育と幼児教育双方の高度な能力をもつ人材が不可欠です。本学はその期待にも応え得るカリキュラムを準備しています。

　以上，本学はこれらの視点から幅広い教養と豊かな人間性を基に厳しい倫理観，責任感をもつ人材育成を目指しています。また，教育方法にも独創的な方法を取り入れています。アーリーエクスポージャー（早期から職能の場にふれる）として入学後直ちに専門科目を開講し，かつ実務に触れさせる体制を取っており，少人数教育を徹底し，きめ細かい教育を推進するためにティーチングアシスタントを活用しています。大学の教育は単に知識を授けるのではなく，教員の創造的な活動が牽引力になるべきで，その意味では大学としてこの分野の活発な研究活動が前提となることはいうまでもありません。

　本学のヒューマンケア学部は子どもケア学科単独でスタートしており，活発な活動を開始しています。本書が，新学部設置の過程でのわれわれの意気込みの表現と理解していただければ幸いです。

　　2008年3月

　　　　　　　　　　　　　　　　　　　　　　　　　名古屋学芸大学学長
　　　　　　　　　　　　　　　　　　　　　　　　　　　井形昭弘

〈執筆者紹介〉(掲載順)

井形 昭弘（いがた・あきひろ）序章・第6章〈鼎談〉・あとがき：編著者紹介参照

平井 タカネ（ひらい・たかね）第1章
奈良女子大学文学部教育学科体育学専攻卒業
専　門　身体表現学（臨床身体表現学），保育論　（医学博士）
現　在　名古屋学芸大学ヒューマンケア学部教授

堀内 久美子（ほりうち・くみこ）第2章
東京大学大学院教育学研究科健康教育学専攻修了
専　門　学校保健・養護教諭論，保育保健　（教育学修士）
現　在　名古屋学芸大学ヒューマンケア学部教授

末松 弘行（すえまつ・ひろゆき）第3章
東京大学医学部卒業
専　門　心身医学　（医学博士）
現　在　名古屋学芸大学ヒューマンケア学部教授／学部長

長嶋 正實（ながしま・まさみ）第4章1
名古屋大学医学部卒業
専　門　小児科学，小児循環器学　（医学博士）
現　在　あいち小児保健医療総合センター名誉センター長

松岡 宏（まつおか・ひろし）第4章2
名古屋大学医学部卒業
専　門　小児医学，免疫アレルギー学　（医学博士）
現　在　名古屋学芸大学ヒューマンケア学部教授
　　　　まつおかこどもクリニック副院長

白澤 政和（しらさわ・まさかず）第5章
大阪市立大学大学院社会福祉学専攻修了
専　門　高齢者保健福祉サービス，ケアマネジメント，高齢者介護問題
現　在　大阪市立大学大学院生活科学研究科教授（社会学博士）

河合 隼雄（かわい・はやお）第6章〈鼎談〉
京都大学理学部卒業
専　門　臨床心理学，心理療法　（教育学博士）
　　　　京都大学教授，国際日本文化研究センター所長，文化庁長官などを歴任
2007年　逝去

小林 登（こばやし・のぼる）第6章〈鼎談〉
東京大学医学部卒業
専　門　小児医学　（医学博士）
　　　　東京大学医学部教授，国際小児科学会会長，国立小児病院小児医療研究センター長・同院長などを歴任
現　在　チャイルド・リサーチ・ネット所長，子どもの虹情報研修センター長，日本子ども学会代表

〈編著者紹介〉

井形 昭弘（いがた・あきひろ）序章・第6章〈鼎談〉・あとがき
 1928年生まれ
 1954年 東京大学医学部卒業
     鹿児島大学附属病院院長，鹿児島大学学長，国立中部病院・長寿医療
     研究センター院長などを歴任
 専 門 内科学，神経学 （医学博士）
 現 在 名古屋学芸大学学長
     あいち健康の森・健康科学総合センター名誉センター長

MINERVA 福祉ライブラリー⑨
ヒューマンケアを考える
——さまざまな領域からみる子ども学——

| 2008年3月30日　初版第1刷発行 | 〈検印省略〉 |
| 2008年11月10日　初版第2刷発行 | |

定価はカバーに
表示しています

編著者 井　形　昭　弘
発行者 杉　田　啓　三
印刷者 藤　森　英　夫

発行所 株式会社　ミネルヴァ書房
607-8494 京都市山科区日ノ岡堤谷町1
電話　(075)581-5191（代表）
振替口座　01020-0-8076 番

©井形昭弘ほか，2008 亜細亜印刷・清水製本

ISBN978-4-623-04905-9
Printed in Japan

乳児保育の実践と子育て支援
榊原洋一・今井和子 編著　　　　　　B5判　本体2800円

保育の実践・原理・内容　写真で読み解く保育
無藤　隆・増田時枝・松井愛奈 編著　　B5判　本体2400円

よくわかる保育心理学
鯨岡　峻・鯨岡和子 著　　　　　　　B5判　本体2400円

保育は〈子ども〉からはじまる　子育ての社会化へ向けて
前原　寛 著　　　　　　　　　　　　四六判　本体2000円

心をつなぎ　時をつむぐ　地域に開かれた幼稚園の実践
有賀和子／子どもと保育総合研究所 編著　A5判　本体2000円

子育てしやすい社会　保育・家庭・職場をめぐる子育て支援策
前田正子 著　　　　　　　　　　　　A5判　本体2800円

子どもとともにある保育の原点
高杉自子 著／子どもと保育総合研究所 編　A5判　本体2300円

保育のためのエピソード記述入門
鯨岡　峻・鯨岡和子 著　　　　　　　A5判　本体2200円

共　　感　育ち合う保育のなかで
佐伯　胖 編　　　　　　　　　　　　四六判　本体1800円

ミネルヴァ書房

http://www.minervasobo.co.jp/